Ma fidélité

Chapour Bakhtiar

Ma fidélité

Albin Michel

ISBN 2-226-01561-2

*Je tiens à remercier ici Philippe Le Royet,
sans qui je n'aurais pas écrit ce livre.*

*Les droits de cet ouvrage sont destinés à
une Fondation d'utilité publique.*

Sommaire

Avertissement

Ce livre, j'ai longtemps hésité à lui donner un titre : il ne s'agit pas d'une autobiographie et encore moins de mémoires.

Enfant d'un siècle qui réalisa des choses à peine pensables, j'ai subi nécessairement le choc, souvent douloureux, de mutations imprévisibles : sociétés, pays, convictions, se sont édifiés, transformés, avant de disparaître.

Je ne pouvais donc pas rester « moi-même », sans lutter contre les contraintes venues de l'extérieur. Cette résistance aux tentations et parfois à la facilité, fit de moi ce que je n'eusse pas été, sans elle.

Une croissance harmonieuse suppose, à chaque instant, une fidélité aux moments précédents, et la force de s'y maintenir est indiscutablement une vertu ; car, abstraction faite des contingences de la vie, la fidélité nous permet, à tout moment, de nous reconnaître.

Je ne suis hélas, à l'automne de ma vie, qu'un homme furieusement mêlé aux choses politiques ; et j'eus le malheur de vivre dans une société où la politique était réservée à ceux qui n'y entendaient généralement rien.

De l'homme et de sa destinée, je me forme une conception qui est aussi vieille que l'humanité : je crois en l'homme.

De là la lutte que j'ai menée pour que lui soient donnés les possibilités de se développer et les moyens de s'épanouir. Cette philosophie, très simple, les dirigeants de mon pays la trouvèrent exécrable.

9

Une étude historique et sociologique de mon pays au cours des quatre dernières années requerrait des loisirs et surtout une tranquillité d'esprit qui me font cruellement défaut. J'ai donc marqué des points de repère, laissant pour des jours plus radieux cette entreprise de longue haleine.

Ce livre me tourmentait depuis plus de deux ans. En l'écrivant, je crois informer le public français, du moins ceux qui sans esprit partisan, cherchent à comprendre ce qui se passe aujourd'hui dans mon beau pays. Je me serais abstenu de composer cet ouvrage si je n'avais pas trouvé sous la plume des journalistes et des publicistes des analyses simplistes et partant erronées. Sous l'ancien régime pas plus que dans le chaos actuel, il ne fut aisé d'appréhender la réalité, surtout pour les étrangers de passage. L'obscurantisme de Khomeiny a enfoncé dans les ténèbres les esprits les plus perspicaces. Je prétends avoir jeté quelques lumières sur les coins les plus obscurs ou les plus indiscernables de cette histoire.

Un mot encore. De toute mon âme, j'ai essayé d'être objectif dans mes jugements. Y ai-je réussi ? c'est mon espoir ; mais cela dépend de chacun de vous.

Préambule

— *Depuis combien de temps ne vous ai-je pas rencontré ?*

— *Depuis vingt-cinq ans, Sire. C'est une date dont vous devez vous souvenir.*

— *Vous n'avez pas vieilli.*

J'ai dû vieillir, mais peut-être l'opposition a-t-elle sur l'homme des effets contraires à l'usure du pouvoir. L'Histoire, en tout état de cause, a fait pendant ces vingt-cinq ans beaucoup de chemin. En cette soirée de décembre 1978, l'Iran glisse vers le chaos. Me voici devant le Chah pour tenter de l'arrêter sur la pente où l'ont poussé tant d'erreurs. Les gouvernements se succèdent à présent de trois mois en trois mois. Amouzegar, Emami, Azhari... Y aura-t-il un gouvernement Bakhtiar ? Pour que Sa Majesté Mohammad Reza Pahlavi en caresse seulement l'idée, il faut que les choses soient au plus mal et qu'il en ait conscience.

Il me montre un fauteuil, nous nous asseyons l'un en face de l'autre, dans le silence que l'heure tardive a fait tomber sur le palais de Niavaran.

— *Qu'est-ce que c'est que ce phénomène Khomeiny ?*

— *Sire, c'est la réaction aux gouvernements successifs que nous avons eus et au sujet desquels nous avons demandé à Votre Majesté de ne pas les soutenir.*

— *Comment cela ?*

— *Oui, parce que, sans votre appui, personne ne les aurait supportés.*

Ma remarque est suivie d'un silence très lourd.

— *Sire, je suis entré dans l'automne de ma vie. Cette*

11

pièce a entendu des paroles remplies de mensonges. Est-ce que vous voulez que je continue dans la même tradition, ou me permettez-vous d'exprimer la vérité?

Tel fut le préalable que je posai lorsque le souverain songea à mettre entre mes mains la dernière chance de son règne. Et c'est encore la volonté qui m'inspire au moment d'écrire ce que je sais, pour l'avoir vu et vécu, de l'Histoire récente de l'Iran. Je ne me donnerais pas cette peine s'il était question d'une œuvre de circonstance destinée à faire plaisir à tel ou tel, voire à moi-même. Si j'ai dû quitter l'Iran de la façon mouvementée que je raconterai plus loin, c'était certes pour sauver ma vie mais aussi, d'une manière non moins résolue, pour pouvoir m'exprimer et continuer le combat.

Si je puis me prévaloir d'un mérite, j'espère qu'on me l'accordera dans mon pays, c'est d'avoir toujours été fidèle aux idées qui me sont apparues comme justes. Je crois à la liberté, souverain bien, je crois au respect nécessaire de la dignité humaine. Un Etat doit en faire sa règle de conduite et donner aux citoyens qui le composent le moyen de se réaliser et de s'épanouir.

Je tiens que les lois sont indispensables au libre jeu de la démocratie et donc à la liberté; dans une monarchie constitutionnelle comme la nôtre, le roi lui-même n'est pas au-dessus de la Constitution. Je tiens aussi que les traditions d'un peuple constituent son plus précieux héritage.

A ces quelques idées j'ai sacrifié beaucoup, j'ai même risqué ma vie pour elles. Ma tête est toujours mise à prix.

J'ai été fidèle dès ma jeunesse, en luttant contre Franco, contre Hitler; je me suis engagé en 1940 dans l'armée française pour prendre part à une guerre que j'estimais juste. Plus tard j'ai recueilli le legs de Mossadegh et, à son exemple, j'ai lutté contre la dictature du Chah, refusant contre mon intérêt à collaborer avec un pouvoir qui bafouait le droit.

Devenu premier ministre, j'ai fait ce que j'avais toujours dit que je ferais et n'ai accepté qu'à cette condition la charge que l'on me confiait dans des circonstances, il faut l'avouer, particulièrement difficiles. Je resterai fidèle à la mission qui en découle pour l'avenir.

Ce livre n'est pas un plaidoyer : je n'ai besoin de rien et ne réclame rien. Une petite chose quand même : que l'on me consente la crédibilité nécessaire pour m'exprimer au sujet de mon pays en lutte et même, dans une certaine mesure, en son nom.

Première partie

FIDÈLE A MES RACINES

1.

Je suis né dans une région rude et sauvage

Mon patronyme est aussi celui d'une région de l'ancienne Perse, région rude et sauvage qui s'étend sur les pentes des monts Zagros, au sud-ouest du pays. Inaccessible, elle a échappé même à Alexandre le Grand, qui n'a pas risqué son armée dans ces parages, contournant nos montagnes par le sud pour se diriger vers l'Inde. On la nomme encore du nom de la tribu des Bakhtiari qui l'habitent. D'origine *Lor,* les Bakhtiari, au nombre d'environ un million et demi, constituent la tribu la plus civilisée d'Iran.

Ma famille y figure parmi les plus anciennes. Il y a sept cents ans, le grand poète perse Saadi écrivait :

« J'ai été reçu par un Bakhtiar,

Grand propriétaire et important personnage. »

Je suis né là, entre deux montagnes de plus de 4 000 mètres d'altitude, le Kallar et le Sabz Kouh, dans une nature qui écrase l'homme, dans la neige, la pluie et le vent. Le climat est continental, on se trouve tout contre le ciel, la nuit les étoiles vous tombent sur les yeux.

Nous portons depuis trois siècles et demi les « firmans » ou titres d'honneur de gouverneurs de province. Mes ancêtres ont combattu sous les ordres de Nadir Chah, qui monta sur le trône en 1736 après avoir vaincu les Turcs à Hamadan et chassé la dynastie des Afghans. Voltaire a parlé de lui en des termes peu amènes ; il est vrai qu'il instaura une dictature militaire impitoyable.

Bakhtiar veut dire « chanceux », « celui dont le destin est favorable ». Mes ancêtres ont vérifié cette étymologie en conquérant l'Afghanistan et l'Inde ; c'est pourquoi on trouve des Bakhtiar dans ces deux pays, parents très éloignés restés sur le lieu de leurs exploits. A titre de curiosité, j'ai les mêmes aïeux que le remarquable avocat du président Ali Buhto.

Mes origines sont donc incontestablement tribales et féodales. Notre région a échappé à l'emprise du gouvernement central jusqu'à une époque très récente et la famille a exercé sans rupture de continuité l'autorité jusqu'à la Constitution de 1906, sur le plan local, comme elle y participera ensuite sur le plan national.

Sous la dynastie des Ghadjars (qui régnèrent de 1794 à 1925), les règles de la féodalité étaient encore respectées dans toute leur rigueur. Mon arrière-grand-père eut l'idée d'étendre le territoire de la tribu, plus restreint en son temps qu'il ne l'avait été par le passé. Il réalisa deux poussées, l'une vers la ville d'Ispahan, au nord-est, l'autre vers le sud-ouest, en direction d'Ahvâz.

Mais tout en développant l'héritage du passé, il sut envisager l'avenir, qui s'édifierait sur une ouverture au monde extérieur ; il eut une idée originale pour son époque : celle de prendre des contacts avec les Européens qui fréquentaient l'Iran. Cela se passait au temps du comte de Gobineau, ambassadeur de France à Téhéran, auteur du célèbre *Essai sur l'inégalité des races humaines,* qui se trouvait ainsi au cœur du problème traité dans son livre, puisque le mot Iran signifie « pays des Aryens ».

L'Iran était, au début du siècle, un Etat-tampon entre les Russes, au nord, qui tentaient de réaliser les visées expansionnistes définies par Pierre le Grand, en particulier en direction des mers chaudes ; le problème n'est donc pas d'aujourd'hui. Au sud, les Anglais tenaient à sauvegarder leur influence sur cette partie de la route des Indes. A quoi s'ajoutaient les convoitises qui ne cesseront de s'exacerber au sujet du pétrole et d'autres richesses. Mon grand-père, Samsam Saltaneh, plusieurs fois premier ministre, jouera un rôle important dans la défense des intérêts persans contre les ambitions de ces puissances. Mais il me plaît de me souvenir qu'il sortit d'abord de ses montagnes pour soutenir la

Constitution. Mozaffar ed Din Chah avait signé en 1906 le firman instaurant la monarchie constitutionnelle. Sa mise en application allait donner lieu à des troubles importants. Quand les libéraux du nord prirent les armes afin de faire respecter la nouvelle forme de gouvernement, Samsam leva des troupes et marcha sur Ispahan, dont il s'empara. Mohamed Ali Chah, fils de Mozaffar, qui avait contresigné le texte, n'acceptant pas de se rendre à leurs raisons, les insurgés du nord et du sud prirent alors Téhéran.

Le gouvernement provisoire qui fut constitué à la suite de la destitution de Mohamad Ali était dirigé par deux hommes dont Assad Bakhtiari, mon grand-oncle maternel.

Samsam Saltaneh fut nommé premier ministre en 1912, il le sera de nouveau en 1918. On lui doit l'annulation de la « Capitulation » ou « Juridiction consulaire », alors en vigueur et selon laquelle tout litige survenant entre un Iranien et un étranger était du ressort du consulat de cet étranger. Cette décision fut un acte révolutionnaire. Quinze ans plus tard, on reviendra sur ce texte, mais un pas important avait été accompli dans l'affirmation de la souveraineté nationale. Durant tout ce laps de temps, l'Iran connut une mutation. De société féodale, il s'achemina vers une société moderne et bourgeoise. Ma famille a été associée à cette transformation.

Il me plaît aussi de me souvenir que Samsam, démis par le jeune roi Ahmed Chah, refusa de quitter le gouvernement, bien qu'une nouvelle équipe ministérielle eût été nommée. Il n'avait pas été mis en minorité, la Constitution n'autorisait donc pas le souverain à l'écarter du pouvoir. Il ne se retira ensuite que sur le souhait exprès d'Ahmed Chah, après avoir défendu du principe.

Ahmed Chah était d'ailleurs démocrate et soucieux de l'indépendance de son pays. Invité à Londres et pressé par George V de faire voter par le Parlement le traité de protectorat signé par le Président du conseil (et qui restera lettre morte), il eut cette belle réponse : « Je préfère vendre des choux en Suisse que de violer la Constitution. »

Mon père participa aussi, à l'âge de vingt-six ans environ, au combat pour la monarchie constitutionnelle, contre la dictature de Mohamad Ali Chah. C'était un homme de combat doublé d'un intellectuel. Il n'avait pas eu l'occasion ou la chance d'aller étudier en Europe. Il compensait le défaut d'une éducation classique développée, par un goût immodéré de la lecture. Un de mes souvenirs les plus anciens, puisqu'il remonte à cinquante-cinq ans, est une bibliothèque où je le vois sans cesse plongé dans ses livres. Cet ancien seigneur féodal était un bibliophile. Il connaissait bien l'arabe littéraire, l'anglais et, évidemment, le persan. C'est cette bibliothèque qu'après mon départ d'Iran les « révolutionnaires islamiques » détruiront en jetant les livres dans la piscine.

J'ai perdu ma mère à sept ans, d'une maladie bénigne que l'on savait mal soigner alors. J'ai gardé d'elle un souvenir très vif, son image s'accentue dans ma mémoire à mesure que je vieillis. C'est elle que je voudrais le plus revoir parmi tous mes proches, encore plus même que mes enfants. Il n'y avait pas d'école au village, j'ai commencé à apprendre grâce à un précepteur qui m'a montré les lettres, les quatre opérations, j'ai commencé à écrire en iranien. Puis on m'a envoyé au chef-lieu, Chahr Kork, une petite ville située à 120 kilomètres d'Ispahan. L'entourage des livres a marqué mon enfance. Je dois à mon père le développement de ma mémoire. Comme j'aimais monter à cheval, il exigeait chaque jour, avant de m'en donner la permission, que je lui récite 30 vers, ou plus exactement 30 distiques, ce qui fait 60. Tout ce que je sais en iranien remonte à cette période car mes études se sont poursuivies à l'étranger. A l'heure où j'écris, je suis encore capable de réciter 10 000 vers iraniens.

En 1926 j'avais onze ans, l'âge de partir pour Ispahan où je devais faire mes études secondaires. C'est un tournant aussi dans l'histoire iranienne. En octobre de l'année précédente avait pris fin la dynastie des Ghadjars. C'est une affaire qui prend naissance un certain nombre d'années plus tôt. Lénine avait très intelligemment annulé les dettes de l'Iran envers la Russie des tsars et proposé un traité d'amitié que les Anglais voyaient d'un mauvais œil. La clause la plus délicate se formulait ainsi :

(L'Iran accepte) « de laisser les troupes russes intervenir

en Perse dans le cas d'une agression ou d'une menace, aussi bien contre le territoire ou le gouvernement persan que contre la Russie. Toutefois la Russie s'engage à retirer ses troupes aussitôt le péril conjuré ».

Une annexe indiquait bien que, les Anglais et les Russes blancs ayant quitté le territoire iranien, cet article équivalait à une clause de style, mais le traité n'en traduisait pas moins une relation privilégiée entre l'URSS et l'Iran. Staline fut, au comité central, le seul à s'y opposer ; il pensait en effet qu'il ne fallait pas prendre d'accords, avantageux dans l'immédiat, mais compromettant une poussée future vers les mers chaudes.

Les Anglais en conclurent à la nécessité pour eux d'installer sur le trône iranien un homme fort avec qui ils puissent composer. Ils acceptaient mal d'asseoir leur influence sur un pouvoir sans cesse négocié avec les chefs de tribus. Un colonel britannique en poste au Proche-Orient avait fait la connaissance d'un commandant de cosaques, qu'il présenta à son gouvernement comme le sauveur. C'est cet homme, nommé Reza Khan, qui fut progressivement mis en avant. D'abord ministre de la Guerre, il se fit le héraut de la proclamation d'une république. On dut le prier pour qu'il acceptât la couronne, tout au moins y mit-il beaucoup de façons. Il n'en devint pas moins le fondateur de la dynastie des Pahlavi, sous le nom de Reza Chah. J'étais assez grand pour m'intéresser à un événement de cet ordre et comprendre ce qu'autour de moi on pensait du nouveau monarque.

Reza Chah était un homme ignorant, sachant à peine écrire. Il possédait pourtant des qualités consistant en une certaine patience, une certaine persévérance, une certaine retenue. Il était capable de cacher ses plans, ses idées pendant des années.

Mon père considérait qu'il avait deux défauts. Son ignorance d'abord, en dépit d'une intelligence naturelle indéniable : il ne pouvait lire ni comprendre une carte géographique et ne parvenait pas à situer d'une manière exacte l'Angleterre, ce qui présente un inconvénient évident pour la direction d'un pays lié si étroitement à cette puissance maritime. Le second défaut était sa soif de richesse. Mon père me le répétait souvent et son jugement était juste. Ce goût du pouvoir l'entraîna à lutter contre le Parlement et les notables, restreignant puis supprimant les libertés.

Mais je n'avais pas à m'occuper de toutes ces choses. A Ispahan, mon devoir était d'obtenir mon brevet élémentaire pour être en mesure de partir ensuite pour l'étranger. A cette époque les familles iraniennes envoyaient leurs enfants en Suisse, en Grande-Bretagne ou en France. On ne parlait pas encore de l'Amérique. Moi, j'allai d'abord à Beyrouth, suivre les cours du lycée français, qui dépend de la Mission laïque. Je dus simultanément préparer le baccalauréat et apprendre l'arabe. Le temps m'a manqué pour acquérir cette langue à la perfection. Je la parle et je connais le Coran, rien de plus. Comme deuxième langue, j'ai choisi l'allemand, qui s'ajoutait donc au français dans mon programme. J'ai terminé mes études secondaires par math-élém. J'étais fier d'être bachelier ; pour un étranger, cela représentait quelque chose. A Beyrouth je sortais très peu, m'astreignant à une discipline de fer. Je n'en ai pas moins connu le Liban des belles années, ce pays si merveilleux, si paisible qui savait pratiquer la coexistence entre des communautés religieuses différentes. Les événements de ces derniers temps me serrent le cœur. Les photos de Beyrouth [1] ravagée par les bombes et la guerre de rues me semblent celles d'un paradis perdu. Je me rappelle avoir fait du ski et m'être baigné dans la mer le même jour : c'était chose facilement réalisable grâce à la proximité de la haute montagne et de la côte. Cette montagne, je l'ai parcourue à pied dans sa longueur, depuis la frontière turque jusqu'à la Palestine. Ces quatre années de travail intense et de rêve ont beaucoup marqué ma jeunesse.

---

1. Il s'agit des photos parues lors de l'attaque israélienne de juin 1982.

2.

Étudiant iranien cherche poste de combat dans l'armée française

Je ne rêvais plus que de faire une grande école à Paris. Le Liban, pénétré de culture française, en avait été comme l'antichambre. On peut imaginer ma hâte, après une traversée en bateau qui allait durer une petite semaine, de débarquer à Marseille. C'est en y arrivant que j'appris la mort de mon père. Quelques années plus tôt, il avait été l'un des chefs du soulèvement des tribus Bakhtiari contre les abus de pouvoir du gouvernement central et son ingérence dans leurs affaires. Ce soulèvement fut suivi d'une amnistie générale. Mon père et quelques-uns de ses compagnons furent mis en résidence surveillée à Téhéran puis, au bout de quatre ans, Reza Chah les fit brusquement fusiller.

Il me fallait remettre à plus tard la suite de mes études et rentrer aussitôt en Iran. D'abord deux jours de train pour parvenir à la frontière polonaise, puis un long voyage de cinq jours à travers l'URSS, jusqu'à Bakou, sur la Caspienne. les aventures du trajet me distrayaient de ma peine et de mes préoccupations. Le kilomètre à pied nécessaire pour passer de Pologne en Russie, les chemins de fer des deux Etats n'ayant pas le même écartement de voie ; ensuite, le décor luxueux et vétuste des anciens wagons du temps des tsars, inconfortables en diable, pratiquement dépourvus d'eau pour les voyageurs qui ne parvenaient à faire toilette le matin qu'au prix d'un effort méritoire, surchargés d'ornements rococo. Le train comprenait aussi des wagons de bois comme on en trouvait en France alors, réservés aux Russes qui ne les empruntaient que pour des parcours moins longs, de ville à ville, dans des conditions tout aussi éprouvantes. Le menu du wagon-restaurant, invariablement à base de bortsch, incitait peu à la gourmandise. Je n'enviai pas plus que je ne le fais aujourd'hui le sort des peuples soumis au régime soviétique ; je doute que l'Europe occidentale, après soixante ans d'instauration du socialisme, puisse souhaiter en bénéficier.

Les événements survenus dans ma famille me firent perdre presque deux ans sur le cycle de mes études. Je dus régler nombre de questions matérielles, puis attendre neuf mois qu'on me donne un passeport. Revenu à Paris, je ne me sentais pas assez de concentration d'esprit pour aborder une grande école. J'entrai en Taupe pour faire le point avec moi-même ; je découvris que je n'avais pas l'esprit assez rigoureux pour certaines matières comme le calcul numérique et la descriptive. Un soir, je décidai de m'orienter vers le droit ; en réalité j'étais surtout intéressé par la philosophie du droit. Il me fallait commencer par passer mon baccalauréat de philosophie, ce que je fis à Louis-le-Grand ; j'ai encore avec moi mon diplôme, un des rares souvenirs à avoir échappé au naufrage de mes biens. Il porte une mention : Assez bien.

Je reprenais confiance. Je m'inscrivis simultanément à la faculté de droit et à la Sorbonne, en philosophie. J'habitais rue de l'Assomption, à Passy, où j'ai vécu en tout onze ans de ma vie. A la Sorbonne, je passai les certificats de sociologie et morale, de philosophie générale et logique, puis d'histoire et philosophie des sciences. Une épreuve d'allemand compta pour mon quatrième certificat. La deuxième année, je m'inscrivis aussi à Sciences-Po, où les cours me parurent faciles en comparaison. L'atmosphère était plus légère, on y était habillé avec un col Oxford, très petit-bourgeois, alors qu'à la Sorbonne les chemises s'ornaient souvent de cravates rouges.

Je dois reconnaître que tous mes professeurs d'université étaient d'une probité intellectuelle remarquable, qu'ils fussent royalistes comme Olivier Martin ou socialistes comme le sociologue Halbwachs, un Alsacien qui sera fusillé par les Allemands. On était loin du meeting permanent qu'a été Nanterre en 1968. Un professeur communiste n'aurait jamais, en cours, fait l'apologie de Thorez, jamais Olivier

Martin n'aurait entonné un Te Deum à la gloire des rois de France. La majorité du corps enseignant était d'ailleurs dans le ton politique général : radical-socialiste, bourgeoisie centriste.

S'il est aisé à un mathématicien de ne pas faire de politique dans l'amphithéâtre, la chose est plus difficile lorsque l'on étudie, par exemple, l'équilibre monarchique. Je n'ai pourtant jamais été témoin de discussions pendant un cours. Dans les couloirs, il en allait autrement, nous nous bagarrions parfois, camelots du Roi contre communards.

J'avais mis les bouchées doubles ; je terminai mes trois ans d'études supérieures avec trois diplômes : celui de Sciences-Po et mes licences de philosophie et de droit. Nous étions en 1939, il y eut un bel été, puis ce fut la guerre.

Hitler, je connaissais. Pendant mes années d'études, pour pratiquer la langue, je passais mes étés en Allemagne. En 1938, j'ai assisté à Nuremberg, grâce à un ami dont le père était administrateur du *Völkische Beobachter,* à un de ces grandioses rassemblements dont les nazis avaient le secret. J'étais à 30 mètres du Führer. Il ne m'a pas paru physiquement attirant ; j'avais devant les yeux un visage inhumain qui personnellement me causait de la répulsion. Cependant, je reconnais que, contrairement à Mussolini, il paraissait convaincu de ce qu'il disait ; ce n'était pas, comme le Duce, un commediante. Lorsque dans un discours tumultueux il s'écriait « Le sang allemand a coulé », son visage se tordait sous l'effet de ce que je pourrais appeler une hystérie sincère.

Jusqu'à l'invasion de la Tchécoslovaquie, il pouvait être considéré comme ayant un certain droit ; il n'en a plus été de même dès le moment où il a violé le droit. L'affaire de la Rhénanie, à ce que j'ai vu, n'a pas bouleversé les Français. Quant à l'Anschluss, il faut admettre que l'Autriche ne pouvait pas vivre sans l'Allemagne ; les jeunes Autrichiens n'y étaient pas hostiles. Mais, comme on sait, Hitler ne s'en est pas tenu là.

De l'autre côté des Alpes, Mussolini faisait figure de comédien consommé, utilisant le balcon du Quirinal comme une scène, allant de droite à gauche, se repliant dans l'ombre de la pièce pour ressortir en lançant une phrase d'un style superbe comme celle-ci, que j'ai toujours retenue : « Nous présentons au monde un rameau d'olivier, mais que le monde sache qu'il a été coupé dans une forêt de huit millions de baïonnettes. »

J'étais à Juan-les-Pins lorsque la guerre éclata. On trouve dans la région plus d'oliviers que de baïonnettes et pourtant je pouvais faire mienne la réflexion écrite dans son *Journal* par André Gide, près d'un an plus tôt : « Aujourd'hui, dès le lever, me ressaisit l'angoisse à contempler l'épais nuage qui s'étend affreusement sur l'Europe, sur l'univers entier... La menace me paraît si pressante qu'il faille être aveugle pour ne la point voir et continuer d'espérer. » Depuis fort longtemps l'avenir international me préoccupait. Je m'étais mobilisé pour l'Espagne républicaine, contre Franco. Non tant parce que j'approuvais la façon dont se comportaient les Républicains, ce que l'on appelait le « Frente popular », mais parce qu'il y avait dans cette histoire une violation flagrante de la légalité. Je suis légaliste ; je ne pouvais admettre qu'une personne comme Franco dise : « J'interviens car je ne veux pas de ceci ou de cela. » De son propre chef, par conséquent, et en se plaçant à l'origine du droit.

Il est nécessaire que je rétablisse un point d'histoire : je ne me suis jamais engagé dans les Brigades Internationales. Ce qui est vrai, c'est qu'après le coup d'Etat franquiste, des organisations collectaient de l'argent, distribuaient des tracts, organisaient des meetings, manifestaient pour les Républicains et contre les Fascistes. J'en ai fait partie. J'ai d'ailleurs été plusieurs fois malmené à cette occasion, mais ce sont des détails.

Nous voici donc engagés dans la terrible déflagration, au sortir de laquelle le monde ne sera jamais plus comme avant. J'étais un étudiant parmi d'autres, suffisamment intégré à l'Europe et en particulier à la France pour ressentir ce qui animait les gens de mon âge. Il y a une vérité que beaucoup ne veulent pas dire : au tout début, la jeunesse avait de la sympathie pour Hitler. Elle fut en partie séduite par le fascisme ; n'envisageant pas la catastrophe qui allait s'ensuivre, de nombreux jeunes gens s'enrôlèrent dans les « Croix de feu », l' « Action française » ou dans d'autres formations. La jeunesse est extrémiste par essence. Chacun de nous a une énergie à dépenser, il faut qu'il l'utilise d'une manière ou d'une autre. Du jour où la guerre a été là, les points de vue ont changé, la défaite a accentué le processus. Le succès soviétique vit de nombreux Français se convertir au communisme.

On ne peut aller au fascisme, alors on va au communisme. Voilà la mécanique humaine. Lorsque certains vous disent aujourd'hui que la guerre est l'antidote du terrorisme, c'est horrible à penser, mais il y a là une part de vérité.

J'ai été parmi ceux qui dans l'ensemble gardaient un équilibre, bien qu'ayant moi aussi mes débordements. Il y avait des constatations que l'on pouvait faire si l'on voulait comprendre l'attitude de la jeunesse. Par exemple — et c'est un étranger francisé qui parle — certaines choses paraissaient illogiques, comme ce traité de Versailles qui avait fait perdre à l'Allemagne 88 000 km^2, 8 millions d'habitants, ses colonies, avait donné à la France la concession des mines de la Sarre et provoqué l'occupation de la Rhénanie [1].

En 1933, Hitler avait une conduite supportable pour la communauté internationale, il bénéficiait de surcroît d'une grande estime auprès de son peuple. Ses économistes avaient réussi à résorber le chômage, les autoroutes que l'on trouve naturelles aujourd'hui ont été construites sous sa houlette.

L'antisémitisme entre pour beaucoup dans le jugement que l'on peut se faire de Hitler après coup. Avant la politique de la « solution finale », il apparaissait simplement comme la continuation d'un phénomène très ancien. Je crois qu'une certaine forme de racisme vient des Juifs, qu'il est inhérent à ce peuple, qu'il ne vient pas d'ailleurs. Parmi les peuples méditerranéens, latins, seuls les Juifs se considèrent comme un peuple élu. C'est une idée juive. Ce peuple, « sûr de lui et dominateur », comme disait de Gaulle, a vécu pendant des siècles entre les persécutions et des sentiments de grandeur.

---

1. G. M. Gilbert, in *Journal de Nuremberg* : « Il n'y aurait jamais eu de Hitler sans le traité de Versailles. » André Gide : « Vous faites le lit de Hitler. Vous rendez Hitler nécessaire, attendu, inévitable... »

Il était indispensable au roi de France, à celui d'Angleterre, comme à celui de Prusse ; dans un même temps, la population ressentait à son égard de l'envie.

Dans tous les pays d'Europe, les Israélites ont formé des minorités resserrées les unes sur les autres, obligées de s'entraider à travers le monde. De ce fait ils atteignaient à une grande efficacité et du minimum d'effort tiraient le maximum de profit. Ils sont l'objet, dans les sociétés où ils vivent, d'une certaine convoitise plus que d'une véritable haine.

On cite souvent la conversion tardive de Bergson au christianisme. On sait moins ce qu'il a dit à ce sujet dans ses recommandations à son entourage — je cite de mémoire — : « J'ai été amené par mes réflexions à considérer le culte catholique comme l'épanouissement logique et parfait du judaïsme ; je m'y serais converti si je n'avais vu poindre à l'horizon une vague d'antisémitisme qui va déferler sur le monde. Cette vague est due en partie à certains Juifs dépourvus de tout sens moral... Je désire recevoir les derniers sacrements des mains d'un prêtre catholique et si l'archevêque de Paris refuse ma demande, que l'on aille voir le grand rabbin, sans lui cacher le sens de ma démarche. »

Le 3 septembre 1939, la Grande-Bretagne et la France déclaraient la guerre à l'Allemagne, qui l'avait bien cherché. Ma décision était prise ; je ne pouvais rester en dehors de cette aventure et tout m'indiquait la voie à suivre : m'engager dans l'armée française en tant que volontaire. Je suis allé m'inscrire à Nice. Personne ne voulait de moi. On m'a répondu : « Vous habitez Paris, alors allez là-bas et débrouillez-vous ! » C'était fantastique : nous venions offrir notre vie pour la patrie et c'est ainsi qu'on nous traitait ! Discipliné, je suis rentré à Paris, j'ai frappé à toutes les portes. Un beau jour, l'administration militaire m'a fait connaître sa réponse : « Engagez-vous dans la Légion étrangère. »

J'ai refusé. Marié à une Française depuis plus d'un an, étant dans ma cinquième année de séjour en France, diplômé des universités françaises, je pensais avoir le droit d'être assimilé aux Français.

Les autorités ont fini par se ranger à mes arguments.

Elles m'ont néanmoins fait languir encore de longs mois avant de me convoquer pour un examen médical. J'avais vingt-six ans, j'étais très sportif, le médecin me déclara bon pour le service.

On a qualifié de « drôle de guerre » la période allant de la déclaration de guerre à mai 1940. C'était effectivement une drôle de guerre ; il m'a fallu attendre le mois de mars pour être enfin affecté à Orléans, au 30e Régiment d'artillerie. Etant volontaire, j'avais pu choisir mon arme... Je me souviens d'avoir été versé dans la 98e batterie, puis à la 99e. Nous sommes partis à l'entraînement dans un petit village, près d'un vieux moulin, dans une campagne retirée. Un entraînement à la façon d'alors ; nous avions envie, à force de marcher, de retirer nos « godillots » et d'aller pieds nus.

Notre artillerie était décorée du mot avantageux d' « auto-tractée ». Pendant la retraite, nous serons obligés, sur l'ordre du capitaine qui, évidemment, obéissait au colonel du régiment, de brûler trois voitures qui ne pouvaient plus suivre. Elles avaient fait Verdun, elles dataient de 1915. Trente ans pour des voitures, avec l'entretien que cela comporte ! L'armement ne le cédait en rien aux véhicules pour la vétusté. Nous n'étions certainement pas un régiment d'élite, mais les régiments d'élite n'étaient pas mieux lotis. Aucune comparaison avec ce qu'avaient les Allemands, ni avec l'équipement qui sera celui des Américains.

Une fois débrouillés, nous avons été envoyés comme troupe de couverture derrière la ligne Maginot. Je n'avais pas terminé mes classes d'élève-officier ; on a considéré opportun de m'affecter tout de suite à la conduite des véhicules. Pour les galons, on devait me les remettre plus tard, ce n'était d'ailleurs pas ce qui m'intéressait.

Nous sommes restés cantonnés environ un mois, n'ayant rien à faire, dans une tranquillité désespérante. A droite, la ligne Maginot, à gauche l'armée du général Huntziger. On évoquait régulièrement devant nous les percées auxquelles nous allions procéder dans le dispositif ennemi. Puis, un jour, on nous apprit que nous allions rejoindre un théâtre d'opérations situé à l'autre bout de la France : l'Italie venait de faire son entrée dans la guerre.

Trop tard, les Panzerdivisions déferlaient déjà, la limite était indécise entre le repli stratégique et la débandade. Je ne sais pas par quel miracle nous avons un soir échappé aux Allemands. Encerclés dans un bois obscur par une unité ennemie, nous nous croyions prisonniers, mais au petit matin, fait extraordinaire, il n'y avait plus personne. Nous avaient-ils déconsidérés ? Avaient-ils mieux à faire que de s'occuper de nous ? Dans ses *Mémoires de guerre,* de Gaulle cite le cas de troupes françaises qu'ils désarmèrent avant de leur dire : « Prenez la route du sud comme les autres, nous n'avons pas le temps de vous faire prisonniers. » Peut-être étions-nous dans la même situation, à part que le temps, manquant encore davantage, n'avait même pas permis le contact entre eux et nous.

Nous sommes arrivés à Clermont-Ferrand, puis avons obliqué vers l'ouest, non loin de Carcassonne, pour aboutir à Lannemezan où se trouve une gare de triage ; une des voies qui s'en échappent nous a déposés à Tri-sur-Baïse, dans les Pyrénées. Impossible d'aller plus loin, après c'était l'Espagne.

Nous sommes restés dans ce village deux mois, tandis que l'armistice était signé et la ligne de démarcation entre France libre et France occupée mise en place. Deux mois d'un profond ennui ; nous organisions des excursions. J'ai envisagé de passer la frontière pour continuer la lutte ailleurs ; je crois qu'au fond de moi-même je n'y étais pas disposé.

Il y a une chose, en tout cas, dont j'étais sûr, dont je n'ai jamais douté une seconde : la défaite allemande. A l'époque, on plaisantait de l'affirmation du pauvre Reynaud : « Nous vaincrons parce que nous sommes les plus forts. » Eh bien, il disait vrai, cela s'est réalisé plus tard. Mon premier contact avec la prison s'est effectué en France, sous l'uniforme. Je me suis battu avec un camarade défaitiste qui prédisait comme inéluctable la domination définitive de la France, de l'Angleterre par Hitler. J'avais la conviction du contraire. Nous avons écopé de quinze jours d'arrêts chacun.

3.

L'apprentissage de la Résistance

Il peut sembler, à évoquer ces souvenirs, que nous sommes loin de l'Iran et de ses problèmes actuels. Le croire serait accepter l'existence, dans la géopolitique du globe, de systèmes clos, d'univers parallèles ne se rencontrant jamais. Mais l'Iran n'est pas le bout du monde. Dans son *Livre des Merveilles*, Marco Polo révélait à ses contemporains les mœurs très bizarres de ce pays exotique agrégé à la mystérieuse Tartarie. Il n'y a plus de bout du monde. Le pays d'où je viens est lié au destin des nations occidentales et c'est, non seulement en nourrissant ma jeunesse de culture française mais aussi en prenant part aux combats du pays qui m'accueillait, que je me suis formé. A mon retour en Iran, en 1946, je serai reçu par Sa Majesté Mohamad Reza Pahlavi — une audience qui ne se renouvellera pas de sitôt, comme on l'a vu — dans sa résidence privée. Je le revois, au milieu de sa bibliothèque, appuyé à une grande table.

— Vous avez passé plusieurs années en France. Qu'avez-vous étudié ?

Je lui dis ce qu'avaient été mes études, quels diplômes je rapportais.

— J'ai appris que vous aviez combattu dans l'armée française ?

— Oui, Sire. La France est le pays où mes ressources intellectuelles se sont développées. Quand le feu s'y est mis, j'ai fait ce qu'on fait pour un voisin en cas d'incendie.

Le Chah approuva à plusieurs reprises : « Très bien, très bien », puis il conclut :

31

— L'Iran a des problèmes énormes. Vous pourrez lui être utile, grâce à vos études et parce que vous êtes un homme de combat.

Le malheur voulut que ce fût lui que j'eusse à combattre.

Ma démobilisation me permit de rentrer à Paris et de m'inscrire de nouveau à la Sorbonne et à la faculté de droit pour passer deux thèses de doctorat. L'une ne fut jamais terminée, elle était consacrée au « potentiel de l'intellect ». L'autre absorba tous mes soins ; elle avait pour sujet « Les rapports entre le pouvoir politique et la religion dans la société antique ». Mon président était Georges Scelle, un socialiste centre gauche, brillant juriste que nous retrouverons comme conseiller de l'Iran dans le litige opposant notre pays à l'Anglo Iranian Co. Il avait à ses côtés Olivier Martin, dont j'ai déjà parlé, et Lévy-Bruhl, le fils du célèbre sociologue.

Ma vie va se passer alors entre Paris et la Bretagne. J'avais fait la connaissance en 1939 d'une jeune Française qui était devenue ma femme. Au début de l'occupation, nous avions deux enfants, que je voulus mettre à l'abri des bombardements et des restrictions alimentaires. Cette double condition était remplie par la très petite ville de Saint-Nicolas-du-Pélem, sur la route qui va de Saint-Brieuc à Rostrenen.

« Le diplôme, disait Valéry, est l'ennemi mortel de la culture. »» Ce que j'avais fait jusqu'ici avait pour finalité le diplôme, je m'étais astreint à une discipline pour suivre l'itinéraire que les autres avaient suivi pour aboutir à la même fin. Le travail personnel commençait avec la préparation de thèse. Cette période m'a permis de me former réellement et si je sais quelque chose en philosophie et en poésie, voire en droit, c'est de ces années-là que je le tiens.

J'allais fréquemment à Paris pour consulter divers ouvrages ; c'est ainsi que je rencontrai Félix Gaillard, un de mes camarades de Sciences-Po et de la faculté de droit. Il étudiait les finances privées et moi les finances publiques. Félix Gaillard d'Aimé m'a laissé une grande impression. A Sciences-Po, il dominait le reste de la classe par sa distinction et sa façon élégante de s'exprimer. Pour ma dernière conférence, ayant la possibilité de faire lire des textes par un camarade, ce fut lui que je choisis. Il récita de l'Anatole France avec une diction digne de la Comédie-Française. Je ne fus point surpris plus tard de le voir devenir président du Conseil à trente-sept ans et sa mort prématurée m'affecta beaucoup.

Il se trouva que Gaillard s'occupait de Résistance et que Saint-Nicolas-du-Pélem allait devenir un centre de lutte contre l'occupant. C'était un lien de plus entre nous. Il me demanda si je pouvais lui trouver un ou deux appartements disponibles et absolument sûrs. Je lui en proposai un qui répondait à cette définition, puisqu'il s'agissait du mien, rue de l'Assomption. Je le présentai à la concierge comme un ami qui ne trouvait pas à se loger et dont les parents, vivant en zone libre, viendraient de temps en temps passer quelque temps ici. Gaillard venait d'être nommé inspecteur des Finances ; sa fonction l'autorisait à se déplacer librement jusqu'à la ligne de démarcation.

Il me présenta une seconde requête : accepterais-je de lui servir de correspondant entre Paris et les réseaux bretons de Résistance ? C'est ainsi que je devins son facteur. Je recevais des plis de lui ou de son homme de confiance, Fontaine. Un jour j'appris incidemment l'existence, dans cette affaire, d'un autre inspecteur des Finances, un certain Chaban, que parfois on appelait Delmas.

Un beau matin, en ouvrant les persiennes, j'aperçois des casques allemands et des canons de mitraillette luisant dans le soleil levant. J'ai feint de n'avoir rien remarqué et, rentrant dans la pièce, j'ai dit à ma femme de jeter dans le feu tous les papiers. L'investissement des maisons était général, nous nous sommes retrouvés, tous les hommes de quinze à soixante ans, réunis sur la place publique, devant la fontaine dédiée à saint Nicolas. Il fallut décliner les identités et répondre à un interrogatoire. Ma présence ne manqua pas de surprendre :

— Vous êtes Iranien ? Que faites-vous ici ?

C'était, ma foi, simple à expliquer, mais pas à un occupant méfiant : dans un village de Bretagne on n'aurait dû trouver que des Bretons, à la rigueur un ou deux Français d'une autre province, certainement pas un sujet du Chah d'Iran.

— Vous vous expliquerez à la Kommandantur.

Se trouvait parmi nous le directeur d'un hôtel, M. Bertrand, celui à qui je remettais les lettres que me donnait Gaillard. Si on arrivait à le faire parler, mon compte était bon. Mais il ne parla pas ; il fut déporté avec son fils âgé de dix-sept ans et une dizaine d'autres personnes. On ne les a jamais revus. Il semble que ce soit un jeune Américain de vingt ans, Donald, lequel avait opté pour la nationalité française, qui eût révélé aux Allemands les activités de résistance se déroulant à Saint-Nicolas-du-Pélem. Elles étaient intenses ; il avait même été nécessaire à un certain moment de cacher un parachutiste américain qui était resté accroché sur le clocher de l'église. Comme il était du plus beau noir, le dissimuler au reste de la population tenait de la performance.

Il arriva aussi qu'un de mes contacts fut pris par la Gestapo ; il ne connaissait pas mon nom mais pouvait facilement me désigner ou indiquer mon signalement, ce qu'il ne fit pas. Je n'affirme pas que j'aurais été fusillé, mais on m'aurait certainement envoyé dans un camp, comme M. Bertrand. En participant à ces travaux clandestins, je me suis initié aux règles du jeu ; elles me serviront plus tard en Iran et même sous la dictature de Khomeiny. S'il me faut faire une comparaison, les agissements de la Gestapo étaient plus corrects que ceux de Khomeiny : si un résistant était fusillé, elle ne s'en prenait pas à son frère. Tel n'est pas le cas en République Islamique.

Comme on le constate, c'est très naturellement que j'ai donné dans ce combat des ombres. Je ne pouvais pas être pétainiste car je suis anti-défaitiste. Cela dit, j'ai la ferme conviction qu'on ne peut prononcer le mot de trahison à propos de Pétain. Il a voulu sauver ce qui pouvait l'être, il est très difficile de le juger. Mon jugement n'a rien à voir avec les opinions politiques, c'est un jugement d'homme examinant sereinement le comportement d'un autre homme. Je pense aussi qu'à plus de quatre-vingts ans, on ne se met pas en tête de donner une nouvelle Constitution à son pays. Une de mes voisines de la rue de l'Assomption, Madame Martin, me disait à propos du Maréchal : « Ce n'est pas un vieillard, c'est un vieillard vieux. » Elle en avait, elle, soixante-quinze.

Vers la fin de la guerre, les activités de résistance avaient atteint, à Saint-Nicolas-du-Pélem, un degré inimaginable. J'ai cru ma dernière heure arrivée un jour que je revenais de Saint-Brieuc, 80 kilomètres à pied aller-et-retour. Chemin faisant, j'avais bu une bolée de cidre dans un café ; peu après j'étais interpellé par un grand brun armé de pied en cap, qui surgit d'un talus, disposé à m'abattre séance tenante. On m'avait vu parler, disait-il, dans le bistrot, avec un personnage sur lequel on avait plus que des soupçons. Si je ne livrais pas son nom, j'étais un homme mort.

N'ayant pas le souvenir d'avoir parlé à quiconque ni fait le moindre clin d'œil même à une jolie Bretonne, je ne voyais pas comment me tirer d'affaire. Heureusement ce matamore de chemin creux avait un camarade plus âgé et plus sensé, qui débucha tout à coup :

— Viens par ici.

Je dus répondre à un flot de questions, ils estimèrent que Bakhtiar était un nom italien, ce qui apparemment aggravait mon cas. Ma valise était remplie de chaussettes d'enfant destinées à être détricotées pour un nouvel usage. Ceci me servit de circonstance atténuante ; le traître se transformait en père de famille cherchant à survivre. Nous pûmes dialoguer d'une façon plus détendue et j'appris que mes agresseurs n'étaient pas des miliciens de Vichy, comme je l'avais supposé, mais des Résistants. Après avoir échappé à la Gestapo, j'avais manqué de périr d'une balle parachutée par les Alliés.

— Alors, tire-toi. Si tu es arrêté par les nôtres, tu diras : « Récolte 43 ».

— Qu'est-ce que c'est ?

— Le mot de passe.

J'ai toujours retenu ce mot de passe ; dans des circonstances difficiles de ma vie, il m'est arrivé de me murmurer à moi-même, pour chasser les idées noires : « Récolte 43 ».

4.

La tasse de café de Paul Valéry

Bientôt j'allais quitter la France, la quitter la paix retrouvée. J'emportais un peu de son âme : cette littérature pour laquelle je m'étais tant passionné et dont je vis encore. Ma première rencontre de la langue avait eu pour instigateur Anatole France. C'était à Beyrouth ; sur le conseil d'un professeur, je suis allé acheter *Le Crime de Sylvestre Bonnard*. Mes seize ans se sont reconnus dans ce vieillard sceptique, j'ai senti qu'il y avait en moi, comme en lui, une disposition à l'ironie en même temps qu'un sérieux propre aux convictions profondes. La même synthèse m'a frappé chez Valéry. Par la suite, j'ai poursuivi la lecture des œuvres de France, elles formaient dans ma bibliothèque vingt-cinq volumes, dans les grands formats de Calmann-Lévy, tous disparus aujourd'hui dans le sac de ma maison.

J'ai rencontré Bergson en 1940. Nous étions voisins, il habitait boulevard Beauséjour. Je lui ai téléphoné, me présentant comme un étudiant iranien admirateur de son œuvre. Je lui demandais de me recevoir, ne fût-ce qu'un petit quart d'heure. Il m'a reçu dans un très grand salon, assis dans un fauteuil confortable, une couverture à carreaux sur les genoux ; il avait alors plus de quatre-vingts ans. Près de lui, une bibliothèque tournante d'où il pouvait extraire un livre sans avoir à se lever, ce qui lui aurait posé des difficultés. A portée de sa main aussi, une petite table.

J'ai été fasciné par la profondeur de ses yeux, des yeux d'un bleu soutenu ; il était tout en crâne, sur un corps frêle atteint par les rhumatismes. Quand il s'adressait à vous, il semblait qu'au-delà de la perception sensible, il établissait une relation directe entre son cerveau et le vôtre.

L'objet de ma démarche se rapportait à une contradiction que j'avais cru déceler dans *L'Evolution créatrice*. Après le quart d'heure prévu, j'ai voulu me retirer. Il m'a retenu pour m'interroger sur mes centres d'intérêt autres que la philosophie ; j'ai évoqué le droit, la poésie. Il m'a dit :

— Le jour où vous arriverez à passer de la philosophie à la poésie, de la poésie à la philosophie et même au droit et à la morale ; ce jour-là vous aurez une culture. En attendant, essayez d'en trouver les chemins, même s'ils vous sont parfois très difficiles. Acceptez ce conseil, passez d'une comédie de Molière à un texte de Kant. Il existe une unité dans la spiritualité. Trouvez le chemin, il y en a un, seulement il n'y a pas de formule à vous donner, vous devez le découvrir.

Valéry a d'abord été pour moi un sujet de perplexité. Lorsque j'étais en seconde, à Beyrouth, notre professeur entreprit de nous lire, pour nous détendre, un après-midi de juin spécialement torride, « Le cimetière marin ». Il nous détendit si bien qu'il nous endormit ; c'est tout au moins ce que nous nous efforçâmes de faire pour montrer combien cette poésie hermétique éveillait peu en nous de résonances. Je m'étais juré alors de ne plus ouvrir un livre de Valéry.

Je me suis parjuré en 1940, en ouvrant *Soirée avec Monsieur Teste,* décidé à lire cette prose comme on traduit une langue étrangère. Elle m'a étonné par sa précision, son élégance. J'ai goûté les paradoxes perpétuels dont je découvrais ensuite que finalement, ce n'en était pas. Je citerai un exemple de mémoire : « La politique fut d'abord l'art d'empêcher les gens de s'occuper de ce qui les intéresse... puis celui de les consulter sur les questions auxquelles ils ne comprennent rien. » Voilà une terrible mise en question de la démocratie. Dans la société antique primitive, on empêchait effectivement le peuple de s'immiscer dans les problèmes qui étaient les siens ; le chef de tribu, le mollah, l'empereur disaient : J'agis pour vous, je fais tout pour votre bien. A présent, on le consulte pour savoir si l'on doit dévaluer le franc. Qu'est-ce qu'il en sait ? Seuls quelques citoyens sont en mesure de résoudre une telle question, mais le système est tel qu'il faut que chacun donne son avis. La démocratie me paraît encore le seul régime acceptable, et pourtant !

Il fallait que je retrouve ce « Cimetière marin » qui nous fit tant bâiller ; c'était un soir de 1941, la nuit était tombée, on entendait le bruit des bombes [1] non loin de la capitale. Je suis allé place Auguste-Comte, aux Presses Universitaires de France, en face de la Sorbonne, j'ai acheté tout ce que j'ai pu trouver. Et j'ai lu. J'ai déchiffré. Comme ces fruits difficiles à décortiquer dont il faut mériter la saveur. J'ai mis plus de temps — ou à peu près — à comprendre Valéry et à l'apprécier qu'à apprendre l'allemand ou l'anglais. Bien qu'académicien, Valéry a toute sa vie été malmené. *Le Canard Enchaîné* écrivait : « Vous allez bientôt être nommé à Pékin pour un cours de chinois ! » Il vivait dans une situation matérielle précaire ; malgré cela, il n'a jamais voulu céder à la facilité de faire un roman, un recueil qui se vende à de nombreux exemplaires.

C'est, je crois, le gouvernement du Front populaire ou celui qui lui a succédé, qui a créé au Collège de France le cours de poétique. Quand nous avons appris, mes camarades et moi, que M. Valéry donnait son cours inaugural, nous nous y sommes précipités. Il y avait toute une faune de salon : duchesses, comtesses, snobs, grands industriels... Nous étions debout, au haut de l'amphithéâtre ; je voyais le poète pour la première fois ; il devait avoir 66 ans mais il nous parut plus âgé, petit homme aux cheveux blancs séparés par une raie au milieu, à moustache drue également blanche. Je me souviens à peu près de sa première phrase : « Messieurs, Mesdames, mon premier soin sera d'éliminer autant que possible ceux qui s'intéressent à la poétique, pour en arriver à la poétique elle-même. » En d'autres termes : Allez-vous-en. Nous eûmes l'impression qu'il n'avait pas le don de l'enseignement.

A la fin du cours, je suis allé avec mon ami Charaire, poète et artiste peintre, voir de près l'homme qu'il pouvait

1. Il s'agit du terrible bombardement de Billancourt.

être. Or lui si rigide, si difficile, si précieux se montrait dans les rapports courants d'une grande simplicité d'expression. Nous le raccompagnâmes chez lui en métro ; il ne parlait, je l'assure, ni comme Charaire ni comme moi, il s'exprimait vertement.

Par la suite, il est venu plusieurs fois chez moi. Il faut dire que, par un ami, je pouvais me procurer du café ; sous l'occupation, c'était une rareté. Valéry venait boire mon café avec un plaisir qu'il ne déguisait pas. Un jour, je lui ai demandé ce qu'il pensait de Gide ; ils se connaissaient depuis l'âge de vingt ans et partageaient plus de cinquante ans de souvenirs communs.

— C'est un homme que j'apprécie beaucoup, me dit-il, mais qui a certains côtés détestables.

Gide le louangeait avec moins de réserves : « Son intelligence m'écrase, disait-il de lui, me domine ; quand nous discutons, je n'existe pas, elle me prend à la gorge, je me débats comme un pauvre moineau. »

J'ai aimé follement ces écrivains d'il y a quarante ans et qui savaient écrire. Mauriac, un des meilleurs, Roger Martin du Gard, un colosse, et même Maurras, un géant des lettres, même si l'on n'est pas de son avis ; puis Sartre, Camus. Mais à chaque moment de ma vie, lorsque je veux m'évader de Khomeiny, de toutes sortes de contingences désagréables, je me réfugie dans Valéry.

Aussi bien, l'âme de la France, ce ne sont pas seulement ses poètes et ses écrivains. J'ai emporté dans mes bagages l'enseignement de ses grands politiques. Je n'aurais pas consacré ma vie à la poésie, je suis furieusement politique. Blum, Jaurès, de Gaulle... J'ai une énorme sympathie pour Jaurès, il représente une France généreuse, une France rayonnante ; il voulait le progrès et le socialisme sans haine ni persécution. Blum, lui, était empreint d'un profond humanisme. Je n'évoquerai pas le nom de Guy Mollet, personnage que j'estime inacceptable. Blum était un aristocrate, extraordinairement distingué ; ami de Gide, de Mauriac et de Valéry. C'est l'image même que je me fais du patriote. Cet homme droit était plein de finesse. Pacifiste, il était aux antipodes de Jaurès qui, combatif, avait un tempérament de languedocien. Mais Blum n'a jamais été libre de ses décisions, gêné qu'il se trouvait par ses acolytes du Parti communiste. Je regrette de devoir le dire, les communistes français sont les plus minables du monde, presque autant que les communistes iraniens.

S'il me fallait nommer la personnalité qui a le plus marqué la seconde moitié du siècle, en France comme dans le monde, je dirais : de Gaulle. On peut ne pas aimer son comportement, sa façon d'aborder les gens, mais c'est manquer d'équité de ne pas exprimer à son égard la plus profonde admiration. Je ne connais pas, en dehors de lui, un militaire qui sache gouverner. Doté d'une volonté et d'une intelligence exceptionnelles, il avait le talent du visionnaire. On doit le créditer aussi des institutions qu'il a su mettre en place ; c'est son honneur d'avoir donné à la France une Constitution qui a permis en toute légalité de passer de Giscard d'Estaing à Mitterrand. Si Georges Marchais avait été élu président de la République, la même Constitution l'aurait étouffé comme un carcan.

5.

Vu de Téhéran
Hitler n'était pas si affreux

Le Jour de l'An est une bonne date pour entamer une nouvelle tranche de vie. Les choses se sont arrangées de cette façon : c'est le 1ᵉʳ janvier 1946 que je me suis embarqué à Toulon. Je n'avais pas revu l'Iran depuis onze ans, j'en avais trente et un. La Méditerranée était encore dangereuse à cause des mines ; notre bâtiment se tailla un passage jusqu'à Alexandrie sans tomber dans aucun piège. J'ai pris deux ou trois jours pour visiter Le Caire, où je reviendrai bien plus tard pour rencontrer le président Sadate. Puis, le train jusqu'à Beyrouth — souvenirs enchantés — avant de monter dans un autobus, heureusement confortable, qui devait nous conduire d'une seule traite, mes compagnons de voyage et moi, jusqu'à Bagdad : une rude étape de 700 kilomètres. De là, une voiture louée en commun nous a conduits à Téhéran.

Je revoyais mon pays avec des yeux nouveaux ; des aspects de la rue, des monuments qui autrefois n'avaient pas frappé mon attention, me paraissaient maintenant pleins d'intérêt. Au bout de quelques jours, je voulus communiquer mes impressions à un ami français, M. Béroard ; je ne pus les résumer que dans cette phrase : « En Iran, il y a deux choses qui me plaisent énormément ; d'abord la poésie, qui est toujours céleste, puis les tapis, qui sont terrestres. »

Passé le premier éblouissement, j'allais faire une constatation plus prosaïque. Jusqu'alors, je pensais être riche ; je compris qu'il n'en était rien, que je ne l'étais plus. On ne quitte pas impunément ses biens pendant dix ans sans père ni parent proche pour les surveiller, surtout sous un régime comme celui de Reza Chah, qui s'était donné pour mission d'éliminer toutes les familles, toutes les personnes pouvant être de près ou de loin un obstacle éventuel. Je n'étais pas revenu certes pour me consacrer à l'oisiveté, mais les comptes faits, il se révélait nécessaire que je trouve du travail sans tarder.

Un règne s'était terminé durant mon absence. Reza Chah était même mort depuis un an et demi, dans son exil de Johannesburg. Son fils, qui lui avait succédé en 1941, recueillait une situation passablement complexe. Reza Chah était un être plein de contradictions ; pacificateur, c'était aussi un dictateur. Tout en mettant de l'ordre dans la société féodale d'alors, il opprimait tout ce qui détenait quelque puissance : clergé, chefs de tribu, hommes politiques du clan libéral, personnalités, intelligentsia de Téhéran.

Quand la guerre éclata, il proclama la neutralité de l'Iran. Mais bientôt, soit qu'il ait voulu contrecarrer l'influence anglaise, soit qu'il ait été fasciné par l'expansionnisme allemand ou la personnalité de Hitler — les dictateurs s'adorent quand ils sont loin les uns des autres - il montra un penchant très net pour le chancelier du Reich. Je pense qu'il préférait l'esprit de conquête de l'Allemagne hitlérienne à une attitude semblable manifestée par les Russes, ceux-ci étant les voisins de l'Iran.

En 1939, il y eut bien le pacte germano-soviétique mais on ne signe jamais un pacte de bonne foi, même si on en donne l'impression. Le but de Hitler était de piller les greniers de l'Ukraine et d'écraser les bolcheviques. Lorsqu'il attaqua l'URSS après avoir déchiré le « chiffon de papier », les pays du Moyen-Orient adoptèrent des positions prudentes. Ainsi la Turquie, qui était alliée à l'Angleterre et à la France, joua double jeu, flirtant même avec les Allemands sans jamais s'engager à fond.

Arrivés dans le Caucase, à 270 kilomètres environ à vol d'oiseau de l'Iran, les Allemands parachutent à leurs partisans sur notre sol des armes, des munitions et de l'argent. Car il y en a. Les Iraniens sont même des partisans enthousiastes de Hitler. Comme dit Spinoza, « il faut tout comprendre et tout excuser » : ils ne savaient pas ce qu'ils faisaient. Posé en termes simples, le problème était le suivant : nos compatriotes avaient subi la présence anglaise, ils connaissaient les horreurs de la Russie stalinienne ; l'Allemagne, qui devait écraser ces deux puissances, représentait pour eux une chance inespérée.

Les Anglais ne l'entendaient pas de cette oreille. Prétextant la présence de techniciens allemands dans les chemins de fer et les usines, les Alliés adressent un ultimatum au roi : mettre les Allemands dehors ou assumer les conséquences de leur présence. Reza Chah gouvernant en dictateur, personne n'a voix au chapitre, ce qui fait que l'on ne sait pas tout des transactions qui interviennent alors. Bien des points restent obscurs encore aujourd'hui, seul le résultat est connu ; partant du constat suivant : présence des troupes allemandes à la frontière, augmentation de la tension du fait de la propagande radiodiffusée, apparition d'un courant antibritannique et pro-germanique, les Alliés décidèrent en 1941 de frapper un grand coup. Reza Chah fut ainsi déposé pour germanophilie. Il fut question à cette occasion d'une république, mais les partisans de la monarchie l'emportèrent. Entre-temps un troisième larron était entré dans le jeu : l'Amérique.

L'Iran était partagé en trois zones : le nord, occupé par l'armée soviétique, le sud et l'ouest par les Britanniques, Téhéran et le centre par les Américains. Pour les populations, l'occupation russe était insoutenable par sa brutalité ; les Anglais, eux, étaient obligés de collecter du blé pour l'armée du Moyen-Orient, réduisant à la famine les régions qu'ils contrôlaient. Seuls les Américains se comportaient parfaitement, ils ne pillaient pas, distribuaient des vivres et des médicaments. Leur passage devait créer un élément nouveau : une certaine américanisation de l'Iran.

A la conférence de Téhéran, en novembre 1943, Churchill et Staline se rangèrent à l'idée que défendait Roosevelt, d'un Iran indépendant dont l'intégrité territoriale serait garantie par les Alliés. Il était aussi prévu que les forces étrangères, les trois que j'ai citées, quitteraient le pays six mois après l'armistice.

Les Anglais et les Américains respectèrent la règle, ils embarquèrent même leur dernier contingent deux mois avant la date fixée. Le départ des Russes ne se fera pas aussi facilement. Leur intention est en fait de rester en Iran sans y rester, c'est-à-dire en en découpant un morceau ; ils ne fomentent rien moins que la scission de l'Azerbaïdjan.

Quelle est la situation politique intérieure à ce moment ? Mohamad Reza Pahlavi a succédé à son père en 1941. Il est très jeune et fait figure... de figurant. La disparition du dictateur a suscité une floraison de partis politiques, ce qui constitue sans aucun doute un fait nouveau. Ils virent le jour d'une manière anarchique, des groupuscules se formant souvent dans l'intérêt unique de ceux qui les créaient. On vit apparaître notamment l'Eradeh Melli (« Volonté nationale »), le Mardom (« le Peuple ») l'Edalat (« la Justice »). Deux formations surnageaient nettement : le parti Iran, nationaliste, d'inspiration sociale-démocrate, et le parti Toudeh, dirigé et subventionné par l'URSS.

Dirigeait effectivement l'Iran un vieux politicien du nom d'Ahmad Ghavam Saltaneh, âgé de soixante et onze ans. Il avait été déjà Premier ministre avant le règne de Reza Chah, dont il avait fait son ministre de la Guerre. C'était un cheval de retour roublard, affairiste, pas très honnête, n'ayant aucune conviction démocratique. Je n'ai pour lui aucune sympathie particulière mais je reconnais qu'il était un homme très capable, sachant dire : Non ! quand les circonstances l'exigeaient. Dans les différends qui nous opposaient aux Russes, il sut agir en habile manœuvrier et rendit un service appréciable à son pays. Pour tout dire, Ghavam Saltaneh réussit à flouer Staline.

L'armée soviétique avait quitté le sol iranien, mais par l'intermédiaire de leurs partisans, les Russes s'opposaient à l'entrée en Azerbaïdjan de nos forces armées. Pour leur montrer sa bonne volonté, Ghavam fit entrer dans son gouvernement des ministres Toudeh, ce qui était aventuré et courageux. Puis, en échange du retrait total de l'URSS, il offre à celle-ci l'exploitation et le raffinage des champs pétroliers du nord de l'Iran et de la région de la mer Caspienne. Il se rend même à Moscou à la tête d'une délégation, y reste une semaine, revient avec le protocole et donne l'ordre à l'armée d'occuper l'Azerbaïdjan.

Mais l'accord doit encore être approuvé par le Parlement. Ghavam Saltaneh soumet en sachant très bien ce qui va se passer : le texte est rejeté par 102 voix contre 2, celles des deux élus communistes. Il ne reste plus qu'à mettre les ministres Toudeh à la porte et le tour est joué.

Il convient d'étouffer ici une légende, celle du jeune souverain se lançant à la reconquête des provinces perdues et caracolant à la tête de ses troupes victorieuses. Quand il entre dans Tabriz, c'est un roi innocent, symbole de l'indépendance de son pays, que la ville acclame. Tabriz et les autres villes de la province ont été libérées par un détachement de l'armée iranienne tout aussi symboliquement, sans que celle-ci y ait eu grand mérite. L'affaire avait été enlevée, politiquement et diplomatiquement, par Ghavam Saltaneh. envers qui Mohamad Reza Chah se montrera toujours injuste, n'acceptant pas que l'on associe son nom à la libération de l'Azerbaïdjan, pour la bonne raison qu'il voulait s'approprier cet épisode historique.

Je suis rentré en Iran au milieu de cette effervescence. A l'égard du souverain, je n'éprouvais aucune antipathie, j'espérais même que nous ferions bon ménage. Il n'exerçait d'ailleurs pas encore son pouvoir de manière arbitraire ou anticonstitutionnelle, il n'en avait ni la force ni l'opportunité ; le souvenir de l'autocratie de son père était encore trop frais pour qu'il pût agir différemment. C'est autour des années 1948-1950 qu'il deviendra un apprenti-dictateur. Comme on dit : l'appétit vient en mangeant.

Pour l'heure, il était le jeune homme que j'évoquais plus haut, appuyé à une table de sa bibliothèque et me félicitant d'avoir fait la guerre dans l'armée française. Me parlant de Victor Hugo, des romantiques. Je lui dis mon attachement à Valéry, Mallarmé, il m'avoua ne pas connaître les symbolistes. J'achève ce premier portrait en attendant d'avoir à en tracer un autre ; il n'accusa pas un grand amour pour la littérature ; en revanche, il entretenait sa culture générale, lisait deux heures par jour, s'intéressait particulièrement à la pétrochimie. Je déplorais en moi-même qu'il ne connût pratiquement pas un seul vers en persan.

J'apprendrai par la suite que la culture des autres lui portait ombrage. En vieillissant, il ne supportera plus aucune supériorité chez autrui, qu'il eût devant lui un politique ou un ingénieur. Imbu de son excellence et du caractère infaillible de sa mission, il n'admettra plus les conseils et son entourage se gardera de lui en donner. S'étant créé sa propre solitude, il se livrera sans frein à ses rêves de grandeur, promettra de faire de l'Iran la sixième ou septième puissance du monde et le leader d'un Marché commun de l'Océan indien.

6.

Mossadegh ou la leçon
de démocratie

Le Chah m'avait dit aussi : « L'Iran a des problèmes énormes ; vous pourrez lui être utile. » Il me restait à savoir de quelle façon. Sur le plan politique, je trouvai aussitôt ma voie. Je m'étais passionné, pendant mes années d'études, pour les discours de Mossadegh. Un seul parti pouvait me convenir : le parti Iran, qui allait devenir la colonne vertébrale du Front national. Je m'y inscrivis sans hésiter. Trente-cinq ans après, j'y suis toujours ; il est certain que je n'en changerai plus.

Je puis fournir une preuve que mon intérêt personnel me commandait autre chose. Cousin de l'Impératrice, j'avais une carrière toute tracée. Je me suis barré la route à moi-même dès le début et par la suite. Je n'ai jamais cherché à entretenir des rapports étroits avec la Cour. Pourtant je n'ai jamais éprouvé de haine pour le roi ni pour la Cour. Mohammad Reza ne m'a même jamais inspiré de l'anti-pathie. Mais j'étais opposé à ses actes, si je me suis appliqué à respecter ses droits. Je le voyais suivre une mauvaise direction dans sa recherche du factice, de la façade, sa répugnance à s'attacher à l'essence des choses ; plus encore lorsqu'il allait chercher des appuis à l'étranger au lieu de les trouver dans son peuple. Son erreur capitale lui apparaîtra trop tard, au moment où errant de pays en pays, il constatera que les étrangers l'ont abandonné. Il aura cette phrase amère et naïve à la fois : « Je ne comprends pas pourquoi les Américains ont fait ça ; moi, j'ai toujours exécuté et fait ce que les Américains ont demandé. »

Mais je devais aussi choisir une occupation profession-
nelle. Deux pistes s'offraient : aller enseigner à l'université,
comme assistant pour commencer, ou trouver un emploi aux
Affaires étrangères. J'ai eu la chance de rencontrer un ancien
ami de mon père qui m'a donné un excellent renseignement :
« Il y a un nouveau ministère, celui du Travail. Dans les
ministères traditionnels, on trouve des gens installés, qui ne
sont pas portés à ouvrir les bras aux bizuths. Au Travail, la
concurrence n'est pas grande, tu devrais y progresser rapidement. »

De fait, j'arriverai en quatre ans et demi au poste de
directeur général, avant de devenir, sous le deuxième
gouvernement de Mossadegh, secrétaire d'Etat. Pour l'instant, j'étais envoyé à Abadan, comme directeur du département du travail pour tout le Kouzestan. Je pouvais faire venir
ma famille, que j'avais laissée derrière moi à Paris. A
Abadan nous naquit un quatrième enfant ; c'était une fille,
nous l'avons appelée France, par amour pour le pays et par
révérence pour l'écrivain qui en porta le nom.

A Abadan, il y avait trois choses : la Compagnie anglo-
iranienne, le Toudeh, habile à profiter de l'exploitation
ignoble qui était faite des ouvriers du pétrole, et des
éléments de droite opposés au développement des libertés
syndicales. J'avais le visage d'un prêtre. Mon premier souci a
été d'éliminer le Toudeh en lui substituant la social-démocratie ; cela me prit presque un an et demi. Lorsque j'eus acquis
une certaine popularité auprès des ouvriers et gagné leur
confiance, mon ministère commença à me faire grise mine.
On estimait que j'allais trop loin et qu'il était dangereux de
contrecarrer les intérêts de l'Anglo-Iranian Oil Co. Six mois
plus tard, j'étais contraint de quitter Abadan, discrètement
escorté jusqu'à l'avion par un colonel. Il ne m'avait quand
même pas passé les menottes. A l'aéroport, nous trouvâmes
six mille ouvriers venus me témoigner leur sympathie. Leur
démarche n'arrangeait pas mes affaires vis-à-vis du gouvernement, mais elle me rendit courage ; je voyais qu'en matière
sociale, des intentions droites et une réelle conviction
pouvaient porter des fruits.

Rentré à Téhéran, je m'aperçus que le roi avait de moi

une très mauvaise opinion. La princesse Ashraf, n'en parlons pas ! Les militaires en place me considéraient comme un pur militant Toudeh, alors que je n'ai jamais nourri le moindre sentiment pro-communiste et moins encore pro-Toudeh. Je me querellai avec mon ministre, auquel je dis :

— Ou bien ce pays sera sauvé grâce aux sentiments nationalistes et démocratiques que l'on aura su encourager, ou bien il sera complètement ruiné par des gens comme vous.

Inutile de préciser que je me retrouvai sans emploi. Et pourtant était née une ère de libéralisation, en réaction contre les Anglais. Sept mois plus tard, je réintégrais le ministère du Travail comme directeur général, bénéficiant ainsi de la promotion la plus importante qu'aient connue les jeunes gens de ma génération.

J'apprendrai ainsi mon métier de politique, mais une autre expérience se placera pour moi avant mon entrée au gouvernement sous Mossadegh : je vais avoir l'occasion de diriger deux complexes industriels dans des circonstances difficiles par suite des perturbations causées par les communistes. Comme précédemment à Abadan, mon action consista à remplacer les idées léninistes par celles de la social-démocratie. C'est-à-dire que je m'employai à faire régner les libertés individuelles et collectives : en particulier liberté d'appartenir au parti politique, au cercle, au syndicat de son choix. Mais en même temps je précisai les obligations des syndicats et des partis : pas de meetings, pas de manifestations pendant le temps de travail. Pas de slogans, même sur les murs de l'usine. Les dirigeants d'une entreprise doivent veiller à y faire respecter une neutralité absolue. Il existe une distance sensible entre la liberté et ce que de Gaulle appelait la « chienlit ».

Les circonstances me conduisent peu à peu vers l'arène politique. Dans les convulsions au milieu desquelles l'Iran cherche à s'affirmer, en échappant aux tutelles étrangères pour prendre sa véritable place parmi le concert des nations, l'heure de Mossadegh a sonné. Il était de nouveau élu au Parlement (en 1947). Ce n'était pas une mince affaire, les responsables truquant les élections dans tout le pays, sauf à Téhéran où la fraude eût été trop spectaculaire. S'ajoutait l'influence des Américains, se substituant à celle des Britanniques ; ils voulaient se montrer plus libéraux que ces derniers et imposaient au souverain des élections libres au moins dans la capitale. Mossadegh et ses partisans disposaient ainsi de 10 sièges sur les 136 que comprenait le Madjless ; c'était une minorité, mais une minorité qui comptait.

L'arrivée au pouvoir de Mossadegh en 1951 allait donner à ma vie une nouvelle impulsion. J'ai déjà dit combien j'adhérais, dès mes années d'études, à ses conceptions politiques. J'allai le voir vers cette époque. Je ne l'avais jamais rencontré, bien que ma famille ait eu avec lui des liens anciens. En 1921, lors du coup d'Etat de Reza Chah, il était gouverneur général de Chiraz. Il donna sa démission en disant :

— Je ne collabore pas avec un gouvernement de coup d'Etat.

Le voilà donc quittant sa province et se rendant à Ispahan, où mon oncle était gouverneur, assisté de mon père, alors très jeune. Avant qu'il n'arrive, mon oncle lui envoie une délégation pour lui dire : « Mon ami, si vous venez ici et qu'on me donne l'ordre de vous arrêter, je serai dans l'embarras, car je ne veux le faire à aucun prix. N'allez pas non plus à Téhéran, on mettrait la main sur vous, comme il a été fait de toutes les personnalités ayant manifesté leur désaccord avec le changement de régime. »

Or le « gouvernement de coup d'Etat » confirma Mossadegh dans ses fonctions : « Restez à votre poste, vous êtes une exception. » Mais il rejeta ces avances, décidé à demeurer ferme sur le principe. On lui fit savoir qu'il avait le choix : partir pour l'étranger ou se retirer chez les Bakhtiari. Il prit ce second parti, passant successivement quinze jours chez chaque membre de ma famille, en attendant que soit instauré un gouvernement conforme à la légalité. Alors il alla se faire élire à Téhéran.

Mais comme se déroulaient ces événements, j'avais sept ans. Je ne comptais pas, des années plus tard, bénéficier d'amitiés familiales anciennes. Je savais que Mossadegh n'était pas homme à prendre en considération des références de cet ordre pour nommer quelqu'un aux affaires. Il avait un neveu, Mozaffar Filruz, qui non seulement ne reçut de sa part aucun poste, mais qu'il n'autorisa même pas à revenir d'exil parce qu'il le considérait comme dépourvu de principes politiques et que ses liens de parenté avec lui ne pouvaient causer que des ennuis.

Mossadegh dépassait par la compétence et la droiture la généralité des hommes politiques d'alors. Issu d'une famille aristocratique — sa mère appartenait à la famille des Ghadjars, son père était intendant général des Finances sous l'ancien régime — c'était un jeune homme exceptionnel. Marié, avec deux enfants, il était allé faire ses études supérieures en Suisse et en France, chose plus rare de son temps que du mien. Il passa sa licence en droit à Dijon et son doctorat à Neuchâtel. C'était un des rares Iraniens à connaître la loi internationale et les principes fondamentaux de la démocratie. Il avait lu Montesquieu, les Encyclopédistes. Elu au Parlement, lui seul se montrait capable de parler avec compétence, sans faille, de la démocratie et de la souveraineté populaire, de la séparation des pouvoirs et du rôle exact du roi dans une monarchie constitutionnelle.

Il voulait la démocratie à tout prix, ce qui occasionna dès les premiers jours des heurts entre Reza Chah et lui. Son propos était simple : « Vous voulez être commandant en chef des Forces, vous voulez être premier ministre en même temps, vous voulez être couronné roi ; ce n'est pas possible. Choisissez : vous pouvez être premier ministre avec le vote du Parlement, vous pouvez être commandant en chef désigné par le premier ministre ou vous pouvez être le roi. »

Ce que les Iraniens ignoraient totalement alors, Mossadegh l'a expliqué dans des discours qui sont devenus célèbres et ont servi de base à tout ce qui se fait en Iran depuis cinquante ans. Il expliquait le mécanisme de la démocratie et où commence la dictature. Tant qu'on ne changea pas les urnes avant le dépouillement, comme cela se fit quelques années après, il était toujours élu en tête de liste et on ne pouvait rien faire contre lui.

Dans l'affaire du pétrole, que je raconterai plus loin, devant les prétentions des Russes à obtenir une concession dans le nord sous prétexte que les Anglais en avaient une au sud, Mossadegh a exposé sa théorie de « l'équilibre négatif ». Le principe était de donner moins à l'un de nos partenaires pour donner moins à l'autre. C'était d'une grande finesse politique, car les agents de l'URSS ne pouvaient s'opposer au projet de loi qui en découla sans favoriser les Anglais, l'inverse étant également vrai.

Au moment où il reprenait, à soixante-treize ans, les rênes de l'Etat, Mossadegh n'était pas le moins du monde physiquement diminué ; contrairement à ce qu'on a pu dire, c'était un homme de constitution robuste. Il mangeait bien, ne buvait ni ne fumait. Non par islamisme mais par hygiène. Il fit faire un check-up à New York, où il était allé pour la réunion du Conseil de sécurité concernant nos affaires. Les médecins américains le trouvèrent en excellente santé. Seules ses jambes présentaient une musculature défectueuse pour un corps quand même assez lourd ; quand il marchait avec une canne, il donnait l'impression de se déplacer avec peine. Ce défaut était dû à ce qu'il venait d'une famille aristocratique où il était de bon ton, à l'époque de sa jeunesse, de garder un maintien digne, de marcher lentement et de ne pas faire de sport. Les hommes d'une certaine importance sociale s'asseyaient confortablement le plus souvent qu'ils pouvaient, les jambes croisées, et se faisaient servir ; on leur avançait leur voiture.

Il avait la main forte, le cou assez droit. Mais il se désintéressait totalement de son accoutrement, avait deux costumes en tout et pour tout et ne sut jamais faire son nœud de cravate. Il pleurait facilement, je crois qu'il faut y voir le signe d'une grande émotivité.

Ce n'était pas un intellectuel. Il s'intéressait aux questions sociales mais très peu à la poésie. Le manque d'intérêt qu'il manifestait pour son aspect extérieur ne provenait pas d'un souci d'économie. Tout le temps qu'il fut ministre ou député, il n'accepta pas un sou de l'Etat. Sur son ordre, le traitement mensuel qui lui revenait était distribué aux étudiants pauvres de la faculté de droit. Il ne se servait pas de la voiture de fonction mise à sa disposition, se déplaçant dans sa vieille automobile personnelle. Il payait de ses deniers ses gardes et son personnel. C'est chez lui que se tenait le Conseil des ministres ; il ne quittait presque jamais sa maison, craignant d'être tué par les Frères musulmans, qui sont devenus la lie de l'humanité. C'était une maison d'une propreté exemplaire, mais ne contenant ni une statue, ni cristal, ni argenterie. Les 24 soldats qui la gardaient étaient logés et nourris par lui. Mossadegh était riche et pourtant, quand il quitta la Présidence du conseil, il était endetté de telle sorte qu'il dut vendre sa fameuse maison pour s'acquitter envers les bazaristes de Téhéran.

Ce désintéressement ne l'empêchait pas de se montrer méticuleux à l'extrême dans les questions financières. Lorsque le roi décida la Réforme agraire, il appela ses enfants, auxquels il avait légué tout son bien quelques années avant sa mort, et leur tint ce langage :

— Vous allez me rendre tout ce que je vous ai donné.

Il écrivit ensuite au directeur en charge pour ces questions de venir le voir :

— Monsieur, dit-il, je veux vous donner ce que je vous dois selon les lois que vous avez promulguées. Faites votre compte.

— C'est en fonction des impôts que vous avez payés les trois dernières années, répondit le fonctionnaire.

Alors, sous les yeux stupéfaits de celui-ci, l'ancien premier ministre alla chercher dans son coffre les reçus des impôts qu'il avait réglés au cours des vingt-trois années précédentes. Le visiteur n'était pas revenu de sa surprise qu'un nouveau sujet d'étonnement se présentait : Mossadegh avait payé sa dette à l'Etat d'une façon si scrupuleuse qu'il était certainement un des plus gros contribuables d'Iran. Sa nouvelle participation en fut d'autant plus élevée. Ayant reçu en échange les obligations qui lui revenaient, il les répartit entre ses enfants, prélevant seulement ce qui lui était nécessaire.

Je me souviens des conseils de ministres tenus pendant cette période, puisque j'étais secrétaire d'Etat dans le second gouvernement Mossadegh. Ce dernier ne le présidait presque jamais, laissant ce soin à M. Kazemi, son ministre des Affaires étrangères. Ce Kazemi avait détenu le même portefeuille sous Reza Chah ; il existe une photo où il est assis avec le monarque et Atatürk. C'était un homme remarquable, nous entretenions les meilleures relations. Il est mort à quatre-vingt-six ans, il y a quelques années.

M. Kazemi présidait donc et parfois, quand venait en discussion une grande question comme les négociations sur le pétrole ou les grands thèmes de la révolution agraire, une porte s'ouvrait, Mossadegh entrait avec une sorte de robe de chambre qui tenait aussi du burnous. Il s'asseyait, donnait son point de vue, écoutait ensuite seulement celui des autres, puis quittait la pièce en disant :

— Si vous êtes contre, dites-le et M. Kazemi arbitrera.

Il se réservait pour les affaires importantes, refusant de se mêler de la nomination de tel gouverneur ou de tel directeur. Sa préoccupation essentielle était la nationalisation du pétrole.

Je n'ai pas rencontré Mossadegh pendant les treize dernières années de sa vie, qu'il passa en prison d'abord, pendant trois ans, puis dans sa propriété campagnarde de Ahmed Abbad. Je lui ai écrit pour le Norouz[1] presque chaque année, il me répondait des lettres aimables. La dernière date de six jours avant sa mort. Le roi l'avait autorisé à quitter l'Iran pour se faire soigner. Il répondit :

— Non, je dois mourir là où je suis né et je ne vois pas pour quelle raison un homme de mon âge devrait faire prolonger sa vie d'un ou deux ans.

Quand il mourut, averti par des amis, je me suis précipité à Ahmed Abbad dans une petite voiture que j'avais. La maison était entourée d'agents de la Savak. J'ai dû donner mon nom.

— Qu'est-ce que vous venez faire ici ?

— Mossadegh est mort. On m'a dit qu'il avait été transféré dans cette maison.

Ils se sont consultés avant d'ouvrir le portail. Je suis entré, j'ai vu le corps installé à côté d'un cours d'eau, dans l'immense jardin triste. C'était le 6 mars 1967. Une dizaine de personnes seulement avaient reçu l'autorisation de venir,

1. Nouvel An iranien.

ayant eu le courage de la demander, pour la plupart des femmes, toutes assez proches parentes.

Mossadegh avait exprimé le désir d'être enterré à côté des martyrs de Trente Tir[1]. Son fils fit part à Hoveyda, alors premier ministre, de cette dernière volonté. A son habitude, Hoveyda transmit la demande au roi et le roi chargea Hoveyda de répondre : Non.

Selon la décision de sa famille, Mossadegh a donc été enterré à Ahmed Abbad, dans sa propre salle à manger. Nous avons porté le cercueil sur l'épaule sur une distance d'environ 300 mètres. Un mollah, mossadéghiste convaincu, a récité les prières rituelles. A ce moment les portes se sont ouvertes et tous les villageois à peu d'exceptions près sont venus autour de nous.

Ensuite, nous sommes montés au premier étage jeter un dernier regard sur la chambre du défunt. Une chambre extrêmement modeste avec des tapis ordinaires, dépourvue de meubles, en dehors d'une petite table supportant quelques journaux et quelques livres, une statuette de Gandhi dont quelqu'un lui avait fait cadeau, les photos de trois jeunes étudiants tués à l'université après avoir manifesté en sa faveur. Contre le mur était dressée une très grande armoire remplie de médicaments. C'est lui qui se chargeait d'en fournir les gens du village, même après la Réforme agraire, et chaque vendredi, qui est jour férié, son fils médecin venait l'aider à les soigner.

J'ai eu la curiosité d'ouvrir la porte placée derrière le lit ; elle dissimulait un biotherme, sorte de chauffe-eau immense fonctionnant à l'essence, fort répandu dans notre pays. Pourquoi une telle installation pour un vieillard seul ? Son fils m'a expliqué qu'elle servait aux campagnards, qui pouvaient venir en bas laver leur linge.

Mossadegh est mort dans la solitude, détesté jusqu'à la tombe, alors que pour n'importe quel cabotin les mosquées de Téhéran sont pleines de monde. C'était par un froid glacial, un jour où il y avait tant de corbeaux dans la

1. Le jour où, sous la poussée du peuple, Mossadegh revint au pouvoir en 1952.

campagne triste. J'y suis retourné au septième jour, suivant la tradition religieuse et nationale, et encore de temps à autre. J'ai refait ce pèlerinage après ma nomination comme premier ministre.

7.

Le jour où Mossadegh rendit à l'Iran son pétrole

Comment le jeune Chah est-il devenu, vers 1948-1950, un dictateur ? Son entourage a été pour beaucoup dans cette métamorphose. Plus particulièrement les éléments pro-anglais. Les Anglo-Saxons ont considéré qu'il était beaucoup plus facile de régler les affaires avec une seule personne que de devoir affronter un système parlementaire et un premier ministre, cet ensemble pouvant avoir une volonté différente de celle du souverain. Ils l'ont incité non seulement à régner mais à gouverner.

Au contraire Mossadegh, dont j'ai dit l'orientation politique, estimait que le gouvernement revenait au premier ministre et à ses collaborateurs, responsables devant le Parlement. En cas de litige, le premier ministre pouvait avoir recours à l'arbitrage du peuple souverain. Etant donné les liens que le souverain entretenait avec des puissances étrangères, cette structure représentait une sécurité pour la nation. Durant les trente-deux mois que durera le gouvernement Mossadegh, le Chah fera tout ce qui est en son pouvoir pour l'empêcher de diriger la politique du pays.

Mossadegh devait compter avec un autre adversaire opiniâtre, Ghavam Saltaneh, qui était son antithèse bien qu'ils fussent vaguement parents et en tout cas du même village et de la même tribu. Ghavam a eu recours à toutes les roublardises pour l'empêcher d'entrer au Parlement, ce qui est relativement facile dans un pays comme le nôtre. Il ne faudrait pas y faire de référendum ni de plébiscite ; la preuve des truquages qui sont monnaie courante apparaît avec les

99,1 % qu'arrivent à obtenir le roi ou Khomeiny. Mossadegh n'était pas au Parlement lors de l'accord irano-russe dont j'ai parlé précédemment. Il n'y était toujours pas quand vint en question la révision du contrat de l'Anglo-Iranian Oil, en 1947-48. C'était une vieille histoire. En 1901, Mozaffar-ed-Din Chah accordait à un entreprenant ingénieur australien, Knox d'Arcy, la concession du pétrole sur tout le territoire. L'affaire semblait bonne, car le roi percevait une somme appréciable, tandis que d'Arcy n'était pas encore certain de trouver du pétrole en Iran. Il finit pourtant par le faire jaillir et d'année en année le marché se révéla fructueux pour les Anglais, qui rachetèrent la compagnie de l'ingénieur pour créer l'Anglo-Persian Oil Company.

Il fallut attendre 1933 pour que nous remplacions le contrat d'origine par un nouveau, plus avantageux, au terme de longues négociations où intervint la Société des Nations. Le nouvel accord devait être remis en cause et provoquer d'interminables discussions qu'il n'est pas dans mon propos de retracer ici. L'Iran obtenait en 1949 de nouvelles conditions fixées dans un accord supplémentaire dont il va être question maintenant.

Pour dire les choses d'une façon simple, le contrat de 1933 prévoyait une durée de cinquante ans. Or vingt ans ne s'étaient pas écoulés que l'on fit deux constatations : les ressources pétrolières étaient immenses et l'industrie que nous voulions développer allait en requérir une quantité de plus en plus grande. L'intérêt bien compris du pays exigeait surtout que nous rentrions en possession de nos richesses naturelles, sans attendre 1983. Mais Reza Chah, après avoir mis un scénario en place pour faire croire que nous allions jeter les Anglais dehors, aboutit à une situation qui augmentait le baril de quelques centimes et ne levait pas l'hypothèque.

Pour savoir de quels droits nous avions été spoliés, nous fîmes appel, fin 1947, début 1948, à M. Gidel, professeur à la faculté de droit de Paris, qui avait été mon professeur de droit maritime. C'était un germanophile et un anglophobe. On l'a dit pétainiste, ce qui est une erreur; il voyait seulement, comme Maurras, dans l'Anglais l'ennemi numéro un.

M. Gidel resta à peu près trois mois à Téhéran, il avait à sa disposition plusieurs personnes, qui l'aidaient à se reporter au texte iranien ; l'accord avait été traduit en français, mais il voulait sans cesse contrôler la traduction. Son rapport faisait état de plusieurs réclamations que nous pouvions légitimement avancer et en rejetait d'autres sur lesquelles nous nous croyions indûment fondés.

S'ensuivirent des débats entre spécialistes pour mettre au point un document à soumettre au madjless. Mossadegh bouillait ; opposé aux Russes, il ne voulait pas non plus des Anglais, mais il n'avait aucun mandat pour contrecarrer la reconduction d'un traité, meilleur que le précédent certes, toujours astreignant néanmoins en ce qui concernait l'avenir. Le gouvernement présenta le projet de loi dix jours avant la fin de la législature, de manière à empêcher les orateurs qui y étaient hostiles de s'y opposer efficacement.

Mossadegh devait par conséquent agir du dehors ; il entreprit quelques-uns de ces députés, leur fournit des arguments, leur fit partager sa conviction : impossible de voter un tel projet. Il choisit pour conduire l'opposition un homme aussi ignorant qu'il était hardi. La Chambre était dans l'indécision. Le Président du Conseil alla voir le roi, en compagnie du ministre chargé des négociations avec la Grande-Bretagne, ils revinrent à la tribune porteurs d'un message : « Le roi nous a dit : les Anglais ne sont pas disposés à changer une virgule au projet. Nous sommes dans une position de faiblesse, il n'y a pas de solution de rechange. »

Mossadegh organisa des meetings auxquels nous participions tous, il disait : « Celui qui vote cette loi est un traître. » Le sens national éveillé par ses philippiques, les élus commencèrent à vaciller. Les uns se prononçaient pour un vote bloqué, les autres exigeaient de prendre leur temps pour discuter le texte article par article. Tant et si bien que la législature prit fin sans que la loi eût été approuvée ; les Iraniens sont intelligents quand ils le veulent, mais ils sont rarement persévérants.

En février 1950 s'ouvrait la seizième législature, cette fois le docteur Mossadegh fut élu à Téhéran avec sept ou huit de ses partisans. Une infime minorité par conséquent mais il était évident pour tous qu'une loi non votée lorsque Mossadegh ne siégeait pas au madjless le serait encore moins, lui présent. Le phénomène, souvent reproduit dans notre histoire récente, est celui d'un sentiment populaire faisant pression sur des gens sans conviction. Les agents du pouvoir vacillèrent et finirent par se ranger comme un seul homme à l'avis du chef de l'opposition.

Dans un pays où, depuis que je le connais, nous n'avons jamais eu un Parlement élu dignement, il y a eu à plusieurs reprises une circonstance où le destin national a dépendu d'un seul homme ou d'un petit groupe. Ce fut le cas en 1979, quand je fus premier ministre. Mon premier soin a été de déposer devant la Chambre qui m'avait investi un projet de loi relatif à la dissolution de la Savak. Or tous ces messieurs avaient été élus grâce à la Savak, ils en étaient les créatures. J'ai dit : « Vous m'avez accepté, vous devez aussi accepter la suppression de cet organisme, sinon, je m'en vais. » Ils ont voté à cause de la pression populaire et parce que c'était le bon sens. De même ces hommes de Pahlavi ont aboli sur ma demande la Fondation Pahlavi, ils ont souscrit à tous les points de mon programme.

Mossadegh a donc proposé une autre loi selon laquelle le pétrole serait nationalisé ; la recherche, le raffinage, l'exploitation seraient confiés à l'Iran. Et il s'adressait à M. Attlee, premier ministre travailliste, qui avait nationalisé dans son pays les industries lourdes : « Il faut être logique. Vous l'avez fait chez vous, pourquoi n'aurions-nous pas le droit de le faire en Iran ? » Attlee était un homme raisonnable, modeste, assez juste, « fair », comme disent les Anglais, mais la question avait de quoi ébranler son flegme : la plus grande raffinerie du monde se trouvait à Abadan et 5 000 Anglais travaillaient chez nous dans l'industrie du pétrole.

Il n'était pas surprenant que le projet de nationalisation eût comme adversaires les communistes, bien qu'il correspondît à leurs conceptions dans tous les pays du monde. Ils disaient : vous n'avez pas le droit de nationaliser, abolissez seulement les accords avec les Anglais. Le peuple comprit très bien le sens de leur réserve et le Toudeh perdit un peu plus de crédit qu'il n'en avait perdu avec l'affaire de l'Azerbaïdjan, car la logique était du côté de Mossadegh.

Un député ultra-royaliste se dressa alors pour l'apostropher :

— Si vous deveniez premier ministre, êtes-vous prêt à appliquer cette loi ?

C'était un marchandage à peine déguisé ; le choix d'un premier ministre est généralement précédé par des tractations qui se déroulent en privé. Cette fois, c'est en pleine séance du madjless que la proposition était faite et de toute évidence non du propre chef du parlementaire dont je parle. Cela signifiait : abandonnez la partie et vous serez chargé de former le prochain gouvernement. Mossadegh ne tomba pas dans le piège, il répondit :

— A une seule condition : que la loi soit d'abord votée par le Parlement.

Il savait trop bien que, lui ministre, son parti serait décapité à l'Assemblée, puisqu'il perdrait automatiquement son siège, et qu'on aurait beau jeu de rejeter le projet de nationalisation.

La loi passa alors à l'unanimité. Nous étions le 8 mars 1951. Le mois suivant, Mossadegh devenait premier ministre. Il allait répondre au défi qui lui avait été lancé, en mettant en application sa loi jusqu'aux ultimes conséquences. Il choisit un ministère tout à fait anodin, à part une ou deux exceptions.

Il demanda aux dirigeants de l'Anglo-Iranian de venir à Téhéran faire des propositions s'ils en avaient à formuler : la loi serait appliquée, mais elle était susceptible de certains accommodements. Il acceptait notamment que le directeur-gérant de la Compagnie fût un Anglais et que tous les Britanniques employés par celle-ci y demeurassent comme fonctionnaires.

Il est donc faux, comme on l'a souvent répandu, que Mossadegh ait voulu bouter les Anglais hors d'Iran. C'est l'Angleterre qui s'est montrée intraitable. Il disait : Si vous voulez être servis les premiers, nous accepterons ; pas question de vous donner une indemnité pour manque à gagner, cependant nous sommes prêts à vous indemniser pour les installations que vous avez faites.

Trop sûr de lui, le gouvernement britannique pratiquait la politique du wait and see, jusqu'au jour où le premier ministre, craignant des complications dans le cas où les Anglais resteraient sur place, envoya une mise en demeure au directeur général de la Compagnie à Abadan : « Vous avez une semaine pour vous déclarer fonctionnaire de la Société Nationale Iranienne de Pétrole. A défaut de quoi je me verrai dans l'obligation d'annuler votre carte de séjour. »

L'Angleterre envoya un bateau de guerre en proférant des menaces, mais ce petit monde quitta l'Iran jusqu'au dernier homme.

8.

La nuit où le roi envoya
ses chars contre
le premier ministre

L'Iran maître de ses richesses naturelles, il restait à les exploiter, à vendre le pétrole, mais avant que cela fût possible, à faire fonctionner un gouvernement privé des ressources que cette matière première lui apportait jusqu'alors et vivre en attendant. Il était nécessaire de payer les salaires d'ouvriers ne travaillant pas, car nous subissions un blocus et personne ne voulait acheter chez nous, à commencer par la France. Tous ces problèmes, Mossadegh les a résolus, avec beaucoup de mal, face à un peuple qui n'avait pas reçu une éducation démocratique et qui n'avait pas assez d'intelligence ni de culture dans le sens que l'on donne aujourd'hui à ces mots.

Pendant tout ce temps, mentionnons-le, les installations furent si parfaitement entretenues par un de nos ingénieurs, ancien élève de l'école Centrale, qu'après la chute de Mossadegh le consortium chargé de les remettre en marche sera ébloui. Cet ingénieur, mis à la tête de la nouvelle Iranian Oil Company, n'était autre que Mehdi Bazargan. Rien de commun, par conséquent, avec l'état dans lequel Khomeiny a mis notre pays.

A ce moment, une nouvelle difficulté surgit devant Mossadegh : les Anglais saisirent le Conseil de Sécurité en alléguant qu'il mettait en danger la paix du monde. Nous allâmes à l'ONU nous défendre de cette accusation ridicule. Comment ! L'Angleterre avait nationalisé, la France avait nationalisé, ses charbonnages et bien d'autres choses, et quand nous le faisions à notre tour, nous compromettions la paix internationale ! Du pétrole, nous étions prêts à en vendre autant qu'on en voulait, aux cours mondiaux et même avec une réduction de 10 à 15 %. Mossadegh savait être souple jusqu'à un certain point.

Le représentant de la France coupa court à la discussion en proposant une mesure qui fut acceptée par les deux parties : puisque la Cour internationale de La Haye était saisie de l'affaire, pourquoi ne pas attendre son arrêt ? C'était une première victoire. La paix du monde ne s'en ressentit aucunement, personne en tout cas ne s'aperçut, à ce sujet, de quoi que ce soit.

On peut noter en passant qu'au Conseil de Sécurité, la Russie adopta une attitude invariable : ou bien elle s'abstenait de participer aux séances, ou bien elle votait avec l'Angleterre. Cela restera pour moi une leçon jusqu'à la fin de mes jours. Le raisonnement des Soviétiques s'inspirait d'un pragmatisme conforme à leur idéologie. Ils se disaient : l'Amérique est jeune, puissante, agressive ; l'Angleterre est un empire fini. Il vaut donc mieux maintenir les Anglais en Iran que de favoriser une implantation américaine. C'était un calcul cynique mais juste.

Le premier ministre me demanda de trouver un avocat qui accepterait de plaider devant la Cour internationale. J'adressai une lettre au professeur Georges Scelle. Il me répondit qu'il était bien vieux pour cette tâche, qui requérait trop d'énergie, et me conseilla plusieurs noms, dont celui du professeur Rollin, professeur de droit, ancien président du Sénat belge. Avant la plaidoirie de ce dernier, qui fut en tous points admirable, Mossadegh réussit à se faire donner, à titre exceptionnel, la parole pour une petite déclaration. Il lut deux ou trois pages en français qui résumaient sa thèse : la Cour internationale était incompétente, puisqu'il s'agissait d'un différend non entre deux Etats mais entre un Etat et une personne privée, à savoir la Compagnie anglaise. Que l'accord de 1933 eût été enregistré à la Société des Nations ne changeait rien quant à l'essentiel.

Il y eut un fait à remarquer : le président de la Cour était anglais ; il n'en vota pas moins pour l'Iran, en expliquant de la façon la plus fair play : « Je vote en faveur de l'Iran, mais pour d'autres raisons... » La Cour se déclara en effet incompétente, par 9 voix contre 4, et renvoya l'affaire devant les tribunaux iraniens. C'était exactement ce que nous voulions. Mossadegh pouvait estimer avoir remporté, cette fois, une grande victoire.

Le premier ministre avait constaté que, dans l'armée, certains éléments se disposaient à faire un coup d'Etat contre le gouvernement. Le ministre de la Guerre avait été choisi par le Chah sur sa proposition ; il croyait avoir recommandé un homme au-dessus de tout soupçon, mais s'aperçut alors que ce n'était pas le cas. Il alla voir le roi pour lui remettre sa démission et lui demander en échange le portefeuille de la Guerre. Devant le refus qui lui fut opposé, il retourna chez lui en disant : « Je veux être un premier ministre qui ait la confiance du roi, sinon le système constitutionnel est faussé. »

Le roi nomma alors Ghavam Saltaneh, qui allait faire trois petits tours puis s'en aller, car la faible majorité de confiance qu'on avait réussi à lui dégager au Parlement ne suffit pas : le peuple fit entendre sa voix. En quelques heures l'insurrection était totale ; malgré l'armée qui tirait, la foule envahit les rues, il y eut des morts et des morts. La grève s'étendit à tout le pays, puis ce fut le paroxysme des 20, 21 et 22 juillet. On criait : « Plus de dictature ! Nous en avons assez ! » Après ces trois Glorieuses, le Chah retirait précipitamment son Ghavam et rappelait Mossadegh. C'est ce même jour que parvenait à Téhéran la nouvelle de l'arrêt pris par la Cour internationale.

Pour son deuxième gouvernement, Mossadegh voulut réunir des hommes de bonne trempe et non suspects. Il se réserva le portefeuille de la Guerre, nommant comme chef d'état-major un général qui avait la confiance du Roi mais qu'il pouvait ainsi contrôler. Les Anglais et les Américains ne se tenaient cependant pas pour battus. Ils entreprirent de traiter pour le pétrole avec l'Arabie Saoudite en cassant les prix. S'il voulait vendre, Mossadegh était obligé de faire des remises importantes et ses ennemis auraient alors crié à la trahison : « Nous avons nationalisé et nous gagnons tant pour cent de moins. » En même temps, ils spéculaient sur l'avenir politique : « Les Anglais ont un gouvernement travailliste et les Etats-Unis ont Truman. Probablement la prochaine administration américaine sera-t-elle républicaine et le gouvernement travailliste sera-t-il remplacé par Churchill : vous avez donc intérêt à négocier pendant que je suis là. » Ce conseil donné par Truman à Mossadegh dans une lettre était peut-être inspiré par de bons sentiments, il n'en constituait pas moins un piège dans lequel il ne fallait pas tomber.

Mossadegh ne fut pas long à s'apercevoir que la Fondation Pahlavi — qui portait un autre nom à l'époque — attribuait des crédits considérables aux voyous pour qu'ils aboient contre lui. Il dit au roi : « Votre père, quand il a quitté l'Iran, avait une immense fortune que vous avez donnée à de nombreux Iraniens, puis vous l'avez reprise. C'est un acte illégal qui ne vous fait pas honneur. Rendez-la à l'Etat. » Mossadegh n'était pas socialiste pour deux sous ; il respectait profondément la propriété terrienne ; mais il voulait réduire les grandes propriétés par des réformes successives, sans jamais dire : « Nationalisons les terres. »

Le roi accepta de remettre sa fameuse fondation à la nation ; il la reprendra d'ailleurs après la chute de Mossadegh et ne la restituera que vingt-cinq ans plus tard, entre mes mains et sur ma demande expresse.

Les analystes politiques ne s'étaient pas trompés : Churchill reprit le pouvoir en 1951 et Eisenhower succéda à Truman l'année suivante. Une mission de la Banque mondiale vint alors à Téhéran, avec un projet mirobolant : puisque le conflit entre Iraniens et Anglais s'éternisait, elle acceptait de remettre en marche les installations pétrolières, de vendre le pétrole produit et de verser l'argent sur un compte en attendant que la situation se normalise. « Bien, répondit Mossadegh, j'accepte mais à une condition : que vous fassiez tout cela au nom de la Société nationale du pétrole de l'Iran et non sous le vôtre. Quelle qualité avez-vous en effet pour jouer un tel rôle ? Ne savez-vous pas que le pétrole a été nationalisé ? »

Il se montra inflexible et l'opération ne se fit pas. Beaucoup le lui ont reproché. Je ne pense pas quant à moi qu'il ait eu tort. Pendant ce temps, deux pays acceptaient d'acheter notre pétrole, le Japon et l'Italie. Ils envoyèrent des bateaux-citernes, mais chaque fois ceux-ci étaient soit arraisonnés et conduits à Aden, soit mis sous séquestre à Venise. On nous faisait des tracasseries même dans les eaux internationales, nous étions victimes d'une piraterie que personne ne dénonçait.

Les rapports entre le roi et Mossadegh se sont rapidement dégradés, si l'on songe à la courte durée de cette période : trente-deux mois. Le premier ministre avait un principe très ferme. Il avait dit dans un discours resté célèbre, en 1950 : « Nous sommes pour le Chah et il est de notre devoir de le faire aimer de son peuple. » Il tenait au protocole. « Chaque fois que vous allez chez le roi, nous répétait-il, vous devez faire la courbette » et il y veillait. A son âge il s'astreignait, lorsqu'il allait au palais, à parcourir à pied la montée de quelque 500 mètres. Le roi insistait pour qu'il vînt en voiture ; il répondait : « Pour que demain n'importe quel petit morveux de directeur traverse la cour en trombe ? » Pour lui, le respect de la personne du roi devait être cultivé.

Il n'en reste pas moins que sur le plan politique, la méfiance s'est installée lorsque Mossadegh a compris que l'objectif du roi consistait à créer des événements, à troubler la paix publique et à mettre son premier ministre dans une impasse perpétuelle. On peut dire que toutes les cinq ou six semaines il se passait quelque chose de ce genre, les ennuis créés pouvant aller jusqu'à la tentative de coup d'Etat.

L'affaire de mars (aux calendes et non aux ides, puisque cela se passait au tout début du mois) peut être rangée dans cette catégorie. Quelques jours avant notre fête de Norouz, le roi annonce confidentiellement, à Mossadegh et au ministre de l'Intérieur Sadeghi, qu'il envisage de faire un voyage à l'étranger, partie en vue d'un check-up médical, partie pour prier à Karbala, grand centre de pèlerinage chiite en Irak.

Mossadegh exprime son désaccord, observant que la présence du Chah en Iran est indispensable en ce moment, mais ajoute qu'après tout il n'est pas prisonnier et qu'il espère un retour rapide.

Le jour venu, le conseil des ministres, averti, va faire ses adieux au souverain. Et nous nous apercevons alors que si le secret avait été bien gardé jusqu'au bout en ce qui nous concerne, la canaille nourrie par la Fondation Pahlavi était parfaitement au courant. Lorsque Mossadegh, s'étant entretenu pendant une heure avec le roi dans le palais, nous rejoint dans la cour, nous sommes cernés par 5 000 personnes qui ont conçu le projet d'assassiner le premier ministre.

Nous réussissons à nous enfuir par des portes dérobées et en prenant des taxis, abandonnant sur place nos voitures à cocarde. Alors la horde des voyous, des sans-cerveau (les *brainless,* comme disent les Anglais) se porte, pour l'attaquer, sur la maison de Mossadegh, qui est obligé de se réfugier au Parlement.

Tout cela a été organisé, n'en doutons pas, avec le consentement sinon l'approbation du roi, qui renonce ostensiblement à son voyage pour répondre au vœu populaire exprimé avec tant de spontanéité.

A partir de cette date, la confiance est morte. Mossadegh n'assiste pas à la cérémonie de Norouz, il y envoie son assistant. Pendant les six mois qui suivent, c'est-à-dire jusqu'à sa chute, il ne reverra plus le Chah.

L'air devient de plus en plus irrespirable. Que l'on songe que le nouveau ministre des Affaires étrangères d'Eisenhower, John Foster Dulles, est aussi le conseiller juridique de l'Anglo-Iranian Oil Co. Cette combinaison plaît infiniment à Churchill, tandis que le Chah s'appuie comme à l'ordinaire sur les Anglo-américains.

Mossadegh, devant la situation bloquée qu'on lui impose, dissout le Parlement. On a dit que c'était une faute de la part d'un constitutionnaliste, mais s'il a eu tort d'agir ainsi, ce qui va se passer constitue une violation du droit sans commune mesure avec cette mesure.

C'est le 16 août, dans la nuit. Le colonel Nassiri, de la garde impériale, se présente devant la maison de Mossadegh avec des chars et des mitrailleuses. Il lui signifie sa destitution et dit qu'il attend la réponse. Mossadegh écrit sur l'enveloppe une phrase du genre : « Message reçu, j'en prends note » puis téléphone à l'état-major : « Voici ce qui s'est passé, arrêtez-moi ces morveux. » Le chef d'état-major, un polytechnicien, n'est pas à son poste, il le fait chercher et lui ordonne de s'y rendre. On arrête Nassiri et on désarme la Garde impériale, qui n'oppose pas de résistance.

A quoi cela ressemble-t-il, sinon à un coup d'Etat ? La lettre dont était porteur le colonel était signée du roi. Quand on veut destituer quelqu'un, à supposer qu'on en ait les pouvoirs, on lui téléphone, on le fait venir, on ne lui envoie pas des canons à une heure du matin. Imaginons ce qui arriverait si cela avait lieu en Angleterre !

Je ne veux pas refaire l'histoire après vingt-cinq ans, mais je crois que Mossadegh n'a pas agi en fonction des événements. Il aurait dû faire fusiller la nuit même les « morveux », Nassiri en tête, puis s'adresser à la nation par une déclaration très nette, dénonçant la trahison de cette faction. La loi martiale était en vigueur. A sa place, j'aurais fait exécuter les conjurés de la garde impériale, en bon démocrate que je suis, en bon légaliste aussi. Car le dilemme se pose de la façon suivante : on se soumet ou bien on résiste jusqu'au bout. Mais Mossadegh a une fois de plus ménagé le roi. Au demeurant, il répugnait à tuer pour quelque raison que ce soit, ce en quoi je ne suis pas tout à fait son disciple. Il est des circonstances où la magnanimité d'Auguste constitue une erreur, car il s'agit de l'avenir d'un peuple.

Le roi ne se trouvait pas à Téhéran, il était parti passer quelques jours au bord de la mer Caspienne avec Soraya, attendant le résultat. Quand il sut que le coup avait échoué, il prit la route de Bagdad puis de Rome. Mossadegh se contenta de faire proclamer par le ministre de l'Intérieur qu'il y avait eu coup d'Etat mais que les fauteurs avaient été arrêtés. Le général Zahedi, que le roi avait nommé pour lui succéder, garda provisoirement dans sa poche le firman impérial. Car ce n'était que partie remise : le plan A avait échoué, on allait passer au plan B.

Dans les ministères, on se mit à décrocher les portraits du Chah. Je fus l'un des rares officiels à ne pas le faire, afin de respecter la loi et la Constitution. Les opposants, parti

Toudeh à la pointe de l'action, déboulonnaient les statues de Reza Chah et de son fils. L'atmosphère était propice à la République mais pour ce genre de révolution, il ne fallait pas compter sur Mossadegh.

Dans le même temps, les bas quartiers du sud de Téhéran connaissaient un autre genre d'effervescence. On distribuait de l'argent à gogo à tout ce qu'il y a de plus grotesque dans cette partie de la ville, aux prostituées des quartiers réservés, aux canailles du Milieu ; on donnait des billets de banque à n'importe qui, en faisant crier : « Vive le roi. »

Une fois de plus le chef de l'état-major montra sa mollesse et son incompétence. Au lieu de disperser le premier rassemblement, il resta dans l'expectative. C'était le 19 août. A 10 heures du matin, je lui téléphonai personnellement : « On entend dans la rue des bruitys inquiétants. Que pensez-vous faire ? » Il me répondit : « Nous les tenons. »

A 11 heures, on m'avertit qu'une foule immense passait à l'attaque du côté de la maison de Mossadegh, tandis que Zahedi, caché chez un ami du nord de Téhéran, recevait les mêmes informations en attendant de tirer les marrons du feu. Vers midi, des manifestations de grande ampleur éclataient, parties du bazar et guidées par les mollahs et les ayatollahs grassement payés pour faire cette besogne. J'essayai de voir Mossadegh, je n'y arrivai pas, pris entre les forces de l'ordre d'un côté et les manifestants de l'autre. Je suis donc sorti pour visiter les différents quartiers et me suis rendu compte que le gouvernement était loin de contrôler la situation.

Le premier ministre, pendant ce temps, tentait de rétablir le contact avec le roi. Il avait nommé une commission de cinq éminentes personnalités pour le rencontrer à Rome, mais les choses allaient à un train d'enfer, la mission ne put se réaliser. Mossadegh se livrait aussi à différentes consultations que le Chah niera au moment de « répondre à l'histoire », mais qui ont effectivement eu lieu. Il est entièrement faux, quoiqu'on l'en ait accusé ensuite, que Mossadegh ait voulu proclamer la république. Dans la matinée, des personnes vinrent me voir pour me convaincre que le moment était venu d'opérer ce changement de régime et m'entraîner dans leur sillage. Je les mis dehors sans ménagements en répondant : « Où vous croyez-vous ? Ici ce n'est pas une écurie. Nous respectons la légalité. »

En rentrant de ma tournée, j'avais le sentiment que tout était perdu. Des gens frappèrent à ma porte à 14 heures, comme j'écoutais les informations : « Comment pouvez-vous rester ici ? Vous pouvez être lapidé ! » Une demi-heure après, n'ayant plus rien à faire au ministère, je me dirigeai vers mon domicile, qui se trouvait non loin de là. La radio diffusait alors les propos de gens immondes qui avaient changé de veste au moment critique et débitaient des boniments sur le thème suivant : « Le gouvernement de trahison et de corruption a été écrasé par l'aspiration profonde d'un peuple qui veut son indépendance. » Ces ignobles opportunistes vivent toujours, à l'exception de l'un qui a été exécuté par Khomeiny et dont je suis obligé de dire qu'il ne l'avait pas volé. Deux vieillissent à Téhéran, les autres se trouvent aujourd'hui à Paris.

J'ai estimé utile d'aller me cacher et pendant trois jours j'ai vécu chez des amis. Le troisième jour, Zahedi m'envoyait un cousin sénateur avec ce message : « Vous n'avez rien fait de répréhensible, vous pouvez entrer dans le prochain cabinet. Venez dimanche à l'aéroport pour l'arrivée du roi, je vous présenterai comme ministre du Travail, avec les personnes qui acceptent de collaborer. » Je lui répondis que je ne mangerais pas de ce pain-là, ni maintenant ni jamais.

Deuxième partie

FIDÈLE A MES IDÉES

1.

Mes débuts
dans les prisons du roi

Ce coup d'Etat du 19 août 1953 sera célébré pendant vingt-cinq ans comme une fête nationale, avec des brigades d'acclamation. Personne ne se serait avisé de remettre en cause cette célébration jusqu'en 1979, quelques jours avant ma nomination comme premier ministre. Ce jour-là, je fis une déclaration dans laquelle j'évoquais « l'ignoble coup d'Etat du 19 août ». Cela ne causa évidemment pas un grand plaisir au roi, qui pourtant se montra conciliant. « Il y a des gens qui ont protesté, me dit-il, je leur ai répondu que c'était la façon de Bakhtiar de s'exprimer. »

Nous savions bien, certes, que ce « soulèvement populaire » avait été provoqué. Les documents ne nous manquaient pas pour le prouver. Au cours de son procès, Mossadegh montra le chèque déposé par un Américain du nom de Barner à la banque Melli, un chèque d'un million de dollars [1] ; il y en avait d'autres. La monnaie iranienne a été distribuée très discrètement, mais les dollars exigés par tel ou tel ont laissé des traces. Et cependant, d'après les renseignements que nous avons eus, malgré les attributions offertes aux meneurs et le million de tumans distribué dans le quartier du Bazar et dans le sud de Téhéran, les Américains s'en sont tirés au meilleur prix. La CIA paiera beaucoup plus cher pour fomenter par la suite des coups d'Etat ici et là. Le fameux Consortium sur le pétrole sera ouvert aux Américains pour un minimum de frais, contrairement à ce qui se

1. Voir entre autres les révélations de Kim Roosevelt.

passera pour les Anglais, qui devront céder 40 % de leurs actions.

Une certaine histoire imputera le soulèvement à l'armée, ce qui ne peut être soutenu. Dans l'ensemble, l'armée s'est tenue à l'écart, sauf à la 11ᵉ heure, quand des militaires se sont manifestés pour pouvoir dire : « Nous en étions. » Combien, après s'être tenus terrés chez eux, sont sortis en criant : « Vive le roi ! » Le coup d'Etat s'est appuyé sur des officiers mis à la retraite par Mossadegh pour leur corruption, par la populace des bas-fonds de Téhéran, par un certain nombre de personnages que le gouvernement nationaliste avait écartés, étant donné leurs accointances avec les Américains et surtout les Anglais.

Mossadegh fut jugé pour trahison, ce qui le rendit encore plus populaire, car son procès lui donna une tribune : il put non seulement se défendre mais démonter les mécanismes de l'acte d'accusation, ce que le roi ne lui pardonnera jamais. Le procureur militaire, mentalement malade, requit la peine de mort, mais la Cour prononça une peine de trois ans de prison.

Mossadegh a été victime d'un certain nombre de facteurs dont certains tenaient à lui-même. Il ne s'était jamais intéressé à la constitution d'un parti solidement charpenté qui aurait pu le soutenir. Sur le plan de sa personnalité, on peut dire qu'il mettait au-dessus de tout son intégrité et sa bonne réputation. Plutôt que de combattre et de vaincre, il préférait apparaître comme une victime.

L'honnêteté foncière que tout le monde lui a reconnue se doublait d'une intransigeance et d'une brusquerie qui ne le servaient pas. Promulguant une loi, il exigeait qu'elle fût appliquée du jour au lendemain. Il n'acceptait pas les accommodements, appréhendait mal ce qu'on appelle aujourd'hui la *Realpolitik*. Il saisissait très mal l'évolution internationale de l'après-guerre, ne sentit pas le développement qui allait être celui de la CEE, ne parvint même pas à prévoir le rapprochement franco-allemand. Il n'aimait pas Nehru, qu'il considérait comme l'homme des Anglais.

Il convient donc de lui reconnaître certaines faiblesses, alors que des forces considérables s'opposaient à lui et que les circonstances ne lui facilitaient pas la tâche. La mort de Staline, par exemple, fut un malheur pour l'Iran. A sa place, ce ne fut pas une personnalité de valeur qui se manifesta, mais un Malenkov. Je dis que ce fut un malheur parce que Churchill, pendant ce temps, avait fait la promesse de restaurer l'autorité et le prestige des Britanniques dans le golfe Persique. Les Américains, de leur côté, voulaient aussi tirer parti du vide créé par la faiblesse du gouvernement soviétique et assurer leur leadership sur la région. Pour expliquer l'intervention américaine dans cette partie du monde, Eisenhower a dit : « Là où il y a le communisme, il y a combat pour nous. » Le malheur est qu'il n'y avait pas le communisme, mais seulement un aristocrate libéral, le docteur Mossadegh.

Eisenhower aurait pu dire, avec plus de vérité : « Là où il y a du pétrole, il y a combat pour nous. » Et dans ce combat, il ne fut pas perdant. Le 28 août, neuf jours seulement après les événements que je viens de raconter, Zahedi annonçait l'ouverture des négociations qui allaient aboutir au Consortium en février suivant et dont je connaîtrai les dispositions alors que je serai dans la chambre la plus noire de mon existence, c'est-à-dire les geôles du gouvernement issu d'un coup d'Etat. Les vainqueurs se partageaient le gâteau : 40 % pour les Anglais, 40 % pour les Américains, 14 % pour les Hollandais et 6 % pour la France. L'Iran devait quand même toucher, sous forme d'impôts, la moitié des bénéfices.

A plusieurs égards, c'était inférieur aux conditions proposées à Mossadegh et que Mossadegh n'avait déjà pas acceptées. Nos partenaires ne voulaient pas proposer plus qu'ils n'avaient accordé à l'Arabie Saoudite et à l'Irak, pour montrer que Mossadegh avait eu tort de se dresser contre l'Empire britannique et de prétendre briser les reins d'une puissance qui dominait la région depuis deux ou trois siècles. Cela aurait été un mauvais exemple pour l'Egypte ou la Syrie. On verra en 1956 Nasser nationaliser le canal du Suez en disant : « J'ai appris cela de Mossadegh. »

Deux ou trois semaines après le coup d'Etat, je recevais la visite des mossadeghistes qui me demandaient mon opinion au sujet de la résistance. Je pensais évidemment qu'il fallait en organiser une. Avec quelques amis dont Bazargan, nous formâmes un comité secret.

Le gouvernement de l'heure n'avait pas encore les assises qui seront par la suite celles du régime du Chah et plus tard du régime de Khomeiny. Nous avions donc beaucoup plus de liberté de manœuvre, nous pouvions nous déplacer, nous avions des machines à polycopier pour éditer des tracts. Nous formions une cellule pour lancer des journaux : *La Voix de Mossadegh, La Résistance nationale*.

Pour en finir avec le problème du pétrole, le gouvernement avait besoin d'une Chambre ; il fallait donc des élections. Les députés qui avaient demandé précédemment la dissolution du madjless n'avaient plus la possibilité de se représenter, ce qui éliminait un certain nombre d'opposants possibles. J'ai été nommé par mes amis « chef d'état-major » pour la campagne électorale ; je devais à ce titre dresser les listes, organiser de petites réunions, etc. Nous avions préparé la liste des sénateurs d'un côté, des députés de l'autre. N'ayant pas quarante ans, je m'étais inscrit sur cette dernière.

Les élections eurent lieu dans les conditions que l'on peut imaginer : il ne fallait pas laisser entrer au Parlement un seul élu susceptible de dire la vérité sur le marché de dupes qui se préparait. Les élections n'ont jamais été très démocratiques chez nous, même du temps de Mossadegh, mais celles-ci détenaient en la matière une espèce de record.

En ce qui me concerne, je fus mis hors de course quelques mois avant. La chasse aux sorcières se déchaîna contre le parti Toudeh et contre les nationalistes mossadeghistes. Au moment où Mossadegh passait en jugement, je fus arrêté et enfermé dans une cellule pour avoir fomenté des troubles et injurié le roi dans un article qui n'avait paru nulle part. Un colonel niais trouva chez moi, sur un papier, ces mots : « Le roi n'a pas le droit de régner et de gouverner à la fois ; cette dualité est contraire à la Constitution. » On me reprocha la première partie de la phrase : « Le roi n'a pas le droit ?... Mais le roi a tous les droits ! » Je n'avais pas même le moyen de me disculper : la loi martiale était en vigueur, l'article 5 permettait d'emprisonner à peu près qui on voulait, c'est un article très large dans ses applications. Une autre fois, je serai inculpé de comploter contre la sécurité intérieure du pays, en liaison avec le Toudeh, ce qui est proprement invraisemblable quand on me connaît.

L'un dans l'autre, je passerai cinq ans et huit mois en prison dans le quart de siècle qui va suivre. Pendant une période de sept années, je n'aurai pas la possibilité d'obtenir un passeport pour sortir du pays. Cela n'a pas été sans poser de problèmes pratiques. Il faut avoir une grosse fortune quand on veut faire de la politique. Des amis, des parents ont aidé mes enfants à différentes reprises.

Un moyen m'était offert pour éviter tous ces tracas. Sur les gens qui pensaient comme moi, et qui étaient assez nombreux, j'avais l'avantage d'avoir pour cousine l'impératrice Soraya qui exerçait sur le roi une très grande influence. On m'a invité plusieurs fois à me rallier. Le roi lui-même m'a fait dire, entre deux séjours en prison : « Venez donc au gouvernement ou acceptez une ambassade, si vous désirez sortir d'Iran. » A défaut d'un passeport ordinaire, on m'offrait donc un passeport diplomatique ! Mais il fallait choisir entre le confort et la fidélité. On ne peut pas être ministre ou ambassadeur et dire : je suis opposé à ce que fait l'empereur. Il ne m'était pas possible, quand la princesse Ashraf arrivait en quelque endroit, d'aller l'accueillir en jaquette et de faire la courbette sur l'aéroport. C'était plus fort que moi. Ou bien l'on s'engage de toute son âme dans une politique ou bien on dit : Non !

2.

La Savak au-dessus du gouvernement

Mes années de prison m'amènent à parler d'un sujet brûlant en évoquant un mot qui a fait le tour du monde : la Savak. Elle a été créée trois ans après le coup d'Etat. Tous les pays du globe ont une police politique, pour le nier il faut être ignorant ou faire semblant de l'être. Quand on demandait à Lénine ce qu'il voulait pour la Russie, il répondait : « Je veux un Etat sans armée, sans police, sans bureaucratie. » On sait ce qu'il en est advenu : la Russie soviétique n'a ni armée ni police ni bureaucratie, c'est bien connu.

Cela étant dit, la Savak était une police politique très spéciale. Après le départ de Mossadegh, l'Iran a été perpétuellement soumis à un gouvernement militaire. Le pays devait suivre et on en prenait les moyens. La Savak a été organisée avec l'aide des Américains et hélas aussi ! de mon cousin Teymour Bakhtiar, qui l'a dirigée jusqu'en 1961 et qui a d'ailleurs été assassiné par un agent de la Savak six ans plus tard. J'ai quand même la satisfaction de penser que cet organisme détestable a été supprimé par un autre Bakhtiar, puisque ce fut en 1979 un des premiers actes de mon gouvernement.

On peut concevoir qu'un Etat veuille avoir des citoyens bien-pensants et qu'il ressente le besoin de les surveiller. Mais il est hautement choquant qu'un pouvoir discrétionnaire soit exercé sur la population, que l'on puisse faire arrêter par la Savak et déférer devant un tribunal militaire n'importe qui, quels que soient les délits ou les crimes commis. C'est précisément ce que Mossadegh avait aboli : il avait réservé au tribunal militaire les seuls crimes de haute trahison et, qui plus est, accompagnés de malversations qualifiées. Désormais, chacun était exposé à se faire arrêter sous le grief de subversion, ce qui représente un concept juridique des plus étranges.

Ce qui se passe dans la République islamique est atroce ; du temps de la Savak, les méthodes étaient plus raffinées. On mettait des écouteurs au suspect et on augmentait la puissance de son jusqu'à ce qu'il fût prêt à faire n'importe quel aveu. Une telle technique voisinait avec les tortures nazies, chocs électriques, cigarette, etc. mais enrichies des perfectionnements modernes. Tout cela venait de l'étranger, au début on trouvait à la Savak de nombreux conseillers américains, mais ils ne furent pas longtemps nécessaires : on avait des dispositions pour s'autogérer. Je peux dire qu'à certaines périodes près, la torture était de rigueur.

L'arbitraire et la corruption régnaient. Si la Fondation Pahlavi avait besoin de tel ou tel terrain, on arrêtait les propriétaires en leur disant : « Vous avez insulté le roi » ou sous tout autre prétexte. Quand j'ai été interné pour lèse-majesté, la peine était de trois ans de prison, dont par un effet, cette fois heureux, de l'arbitraire, je ne fis que deux ans. Plus tard, c'eût été la prison à perpétuité.

La Savak faisait régner la terreur. Elle avait une façon de vous enfermer dans une chambre, de vous y laisser des heures seul et ensuite de vous poser des questions par écrit, derrière un mur, qui vous conditionnait en suscitant en vous l'angoisse. Ensuite, on vous disait de retourner chez vous et de revenir le surlendemain à 8 heures du matin. Pendant ces quarante-huit heures, vous vous morfondiez à un tel point que vous deveniez un instrument docile pour les interrogatoires suivants. Le suspect était plus ou moins maltraité selon sa position et l'administration à laquelle il appartenait.

Plus l'influence de cet organisme parallèle grandissait et plus le crédit des ministres responsables diminuait. Vers la fin, nous avions une administration qui dépendait en dernier ressort de la Savak et aussi de ce que j'appellerai la contre-Savak : la Commission impériale, qui surveillait les projets, recueillait les plaintes, demandait des explications aux ministres, en violation de la Constitution. Cette commission était présidée par le chef du bureau impérial, qui s'arrogeait le droit de venir réclamer des comptes au premier ministre. S'agissait-il encore d'un premier ministre ou d'un fantoche ?

La Savak organisait toutes sortes d'actions contre les éléments jugés indésirables par le régime. A la fin de 1978, nous avions organisé une réception, un jour de fête religieuse et chômée, chez un ami qui possédait un grand parc. Les invitations avaient été faites sans distinction de position sociale ni de fortune ; ce que je peux affirmer, c'est qu'il n'y avait pas un seul communiste ou même sympathisant communiste. Nous nous trouvions dans la plus parfaite légalité mais voilà que tout à coup surgissent 400 individus en uniforme armés d'énormes bâtons. Ils nous assaillent en nous traitant de vendus, de traîtres, d'agents de l'étranger, cassent tout ce qu'ils trouvent. Se trouvaient parmi nous quelque 1 500 femmes et enfants venus les uns en autobus, les autres en Mercedes 450, qui ont pris la fuite pieds nus. Lorsque j'ai pu quitter discrètement les lieux à mon tour, j'ai trouvé des centaines de paires de chaussures. Un de mes amis perdait son sang, d'autres gisaient assommés dans le parc, j'ai pris la direction de notre réduit caché, vers 21 h 30, et ce n'est qu'à 1 heure du matin que j'ai pu rejoindre mon domicile en taxi, un bras cassé. Devenu premier ministre, j'ai su quel était le général qui avait dirigé cette action ; la Savak avait repéré l'emplacement au moyen d'hélicoptères et le dispositif était réglé pour une véritable bataille rangée.

La majorité des chefs de la Savak étaient des militaires, qui trouvaient là des avantages matériels et le moyen de jouer un rôle que les ministres même ne pouvaient plus jouer. Ils furent tous détestables, à l'exception de Pakravan, qui demeura trois ans à la tête de l'organisme. Je peux dire que durant cette période il n'y eut pas de torture à la Savak. Des coups de poing, des passages à tabac, certes, mais pas de torture organisée, systématique. A la différence de Nassiri, l'agresseur de Mossadegh, qui fut maintenu au poste de directeur pendant quatorze ans et qui était un être insignifiant tant sur le plan intellectuel que sur le plan moral, Pakravan était un humaniste ; son intelligence et sa culture se situaient nettement au-dessus de la moyenne. Il savait plusieurs langues ; ayant été élevé en France, il parlait le français comme l'iranien et même peut-être mieux, l'employait quand il s'adressait aux membres de sa famille. De Gaulle étant venu à Téhéran lui demanda, après un moment d'entretien : « Mais que faites-vous ici, comme officier français ? — Mon général, répondit-il, c'est que je ne suis pas un officier français. »

Il fit ce qu'il put pour adoucir les rigueurs de la Savak et aussi pour mettre de l'ordre dans ses pratiques. Il n'en demeurait pas moins loyal envers le roi, tout en sachant dire son mot, poliment, gentiment. Une des causes de sa disgrâce est d'avoir conseillé à plusieurs reprises au roi de rappeler les jeunes mossadeghistes au pouvoir ; il cita même mon nom, comme je l'ai su beaucoup plus tard.

Lorsque j'ai proposé au Chah la suppression de la Savak et présenté en ce sens un projet de loi au Parlement qui l'a voté, c'est en me référant à la torture, que de nombreuses personnes, moudjahiddines ou élements Toudeh, avaient subie pendant vingt-cinq ans. Le texte n'en instituait pas moins une police politique habilitée à surveiller les activités des Iraniens et des étrangers. Car, je le répète, il ne s'agit pas de supprimer les institutions qui permettent de maintenir l'ordre et de gouverner ; ce qu'il faut combattre, c'est l'arbitraire et l'oppression.

Un fait divers, qui a paru dans les journaux étrangers, illustre les abus que nous subissions : un jeune homme et sa fiancée entrent dans une boutique de luxe de Téhéran pour choisir un cadeau. L'assistant de Nassiri, chef du service torture, arrive sur ces entrefaites et veut se faire servir avant eux. Le fiancé lui fait remarquer que ce n'est pas son tour et lui demande d'attendre. Pour toute réponse, le tortionnaire lui ordonne de sortir et, devant son refus, exhibe un revolver et le tue.

Que se passe-t-il ensuite ? La police se rend sur les lieux, fait son rapport, le Parquet est saisi de l'affaire. Et puis, le lendemain, la Savak envahit le palais de justice et brûle le dossier. L'assassin n'a jamais été inquiété.

Les inconditionnels de Sa Majesté, quand ils étaient

contraints par l'évidence de reconnaître des faits de ce genre, disaient : le roi n'a pas voulu cela ; il réprouve en lui-même ces agissements. S'il s'agissait d'un monarque constitution-nel, en effet, on ne pouvait lui faire de reproches. Mais dès qu'il prétendait gouverner et régner à la manière d'un monarque absolu, alors il fallait que ce fût dans le sens de la justice et de l'équité et il devait rendre compte de ses actes. Il y a un proverbe arabe qui dit : « Un pays peut vivre sans religion, mais il ne peut pas vivre sans justice. »

3.

Les jongleries du Chah

Un règne parvient à se justifier si, en regard de ses erreurs, de ses faiblesses, de ses flétrissures, il peut produire des actions bonnes et utiles, des réalisations positives. Mohammad Reza Pahlavi l'a bien compris, à ceci près qu'il a confié le soin de rehausser son image à une mystification. La révolution blanche, proclamée par lui en 1963, portait dans son intitulé même le caractère trompeur qui sera le sien. Si un roi veut faire une révolution, il doit commencer par abdiquer. Des réformes, oui, légères ou profondes, mais pas de révolution, même blanche !

Les réformes qu'il promulguera seront en réalité très timides, peu efficaces. Ne voulant pas, selon son habitude, aller au fond des choses, il s'attachera surtout à la façade. Le président Giscard d'Estaing m'a dit un jour : « Quand je suis allé en Iran, je n'ai jamais eu l'occasion de me déplacer en voiture d'un point à un autre. C'était toujours en hélicoptère et cela m'intriguait. J'ai demandé à Poniatowski d'aller voir ce qui se passait au ras du sol. »

Ce que Poniatowski a pu voir, c'est la corruption qui régnait à un degré insoupçonnable à partir de 1974. Le boom pétrolier faisait rentrer l'argent à flots, on ne savait plus quoi faire des dollars. Alors, on jouait aux riches, on construisait un immense lupanar pour les cheiks arabes qui venaient passer l'hiver en Iran, on achetait des Concorde, des centrales nucléaires, on prêtait de l'argent à des pays dont le nom m'était inconnu, à moi qui suis pourtant féru de géographie. On équipait l'armée de fusées Harpoon, alors qu'il manquait de briqueteries pour construire des maisons à une époque de grande expansion démographique.

On achetait des gadgets et l'argent, après avoir tourné en Iran, ressortait par où il était entré ; il en restait juste un peu dans les poches des fonctionnaires, des ministres, à titre de bakchich. Dans un pays qui manquait de tout, on faisait du tape-à-l'œil et la valse des dollars ne servait qu'à faire monter les prix en flèche. Le roi n'écoutait plus personne, les anciens étaient morts, l'*establishment* avait disparu, remplacé par les technocrates. Mais on ne dirige pas un pays avec des technocrates, on les met dans des bureaux.

Le roi voulait donner aux femmes les mêmes droits qu'aux hommes, mais comme les hommes n'en avaient pas, la fameuse égalité revenait à un artifice de langage. Le bulletin de vote des femmes n'avait pas plus d'importance que celui des hommes, c'est-à-dire qu'en ouvrant les urnes on trouvait toujours 99,1 % des voix dans le sens qu'il fallait. Même trompe-l'œil en ce qui concerne l'éligibilité des femmes comme juges, députés, sénateurs. La condition des femmes a connu certaines améliorations dans le domaine du divorce, la question de séparation de corps, par exemple ; mais la politique est restée hors de leur portée. Les droits qu'elles ont conquis, avant que Khomeiny ne remette tout en cause, datent d'après la révolution blanche.

La plus grande mystification fut sans doute la mise en place des « Soldats de la Révolution ». Il y avait une armée de l'Hygiène, une armée du Savoir, une armée de l'Agriculture. C'étaient des jeunes gens qu'on enrégimentait, nantis d'une instruction rudimentaire et d'un uniforme. Le jour de la parade, ils faisaient impression en défilant mais cela ne correspondait à rien. On les envoyait dans les villages pour apprendre aux paysans comment il fallait cultiver la terre. Ils s'y amusaient surtout et vers la fin, se livraient à des actions de propagande antiroyaliste : exactement l'opposé de ce que le Chah espérait. Cependant devant les journalistes, il pouvait faire état de cette solution originale, qui formait trois des dix-neuf principes de la « révolution nécessaire », avec l'air suffisant qu'il affectait à la fin de son règne.

L'aspect spectaculaire du partage des terres n'en cacha

pas longtemps les conséquences catastrophiques. On peut prévoir une telle réforme sur vingt ans, en l'entourant de soins de façon à ne pas faire baisser la production et en respectant la justice sociale. Pas à ce rythme échevelé, avec l'unique objectif de proclamer que la révolution triomphe. Nous avons cherché les effets faciles, mais les fondations manquaient, tout s'est écroulé.

Le grand propriétaire était odieux, mais il respectait ses obligations, il vivait dans ses villages, surveillait son affaire. L'irrigation, la lutte contre les insectes, contre les épidémies du bétail et bien d'autres problèmes étaient résolus par lui à l'échelle du village ; c'était son intérêt, tout le monde en profitait.

Pour faire de l'esbroufe et multiplier le nombre des nouveaux propriétaires, on a partagé tout cela en si petits morceaux qu'aucune parcelle n'était rentable. Après une année ou deux d'euphorie, les paysans abandonnaient leur terre et venaient en ville.

S'ajoutait à cela que l'attrait des villes jouait de plus en plus ; la différence de niveau de vie entre campagnards et citadins devenait plus visible. Et puis, quand on importait du blé des Etats-Unis, on le payait 2 000 dollars, alors qu'on en donnait 700 aux Iraniens pour la même quantité. Ils perdirent le goût de cultiver, vinrent en ville pour vendre des cigarettes. C'est dans ce nouveau prolétariat urbain que se recrutèrent en partie les hordes qui acclamèrent Khomeiny.

La dernière année du gouvernement du Chah, l'Iran payait pour sa nourriture 8 milliards de dollars, alors que du temps de Mossadegh nous exportions le blé, le coton, l'orge, le riz dans différents pays du Golfe, au Pakistan, en Irak, etc. Certes la population avait augmenté mais les progrès techniques pouvaient compenser cette augmentation. On a fait des barrages, créé des réseaux d'irrigation, fait appel au machinisme agricole, mais dans des proportions insuffisantes, l'argent que nous apportait notre pétrole étant gaspillé, comme je l'ai dit, à acheter des Concorde et des centrales nucléaires.

Au début, la réforme agraire a été dictée par les Etats-Unis. Les mauvaises langues ont dit qu'elle avait pour objet de faire baisser la production agricole en Iran, afin que nous achetions notre blé ailleurs : les pays industrialisés pouvaient reprendre ainsi les dollars qu'ils avaient dû nous donner.

La poudre aux yeux, le trompe-l'œil ont eu leur apogée aux fêtes de Persépolis. Qu'était la courte dynastie des Pahlavi à côté de celle des Achéménides, hormis le fait qu'elles aient partagé, à 2 500 ans de distance, approximativement le même territoire ? Quelle continuité peut-on alléguer ? Les ruines des palais de Darius et de Xerxès sont à l'est de Chiraz, la cité des roses, la patrie de Saadi ; c'est la ville de la poésie et de l'amour. Mais comment justifier l'appropriation d'une civilisation aussi éclatante que celle des anciens Perses, ceux qui conquirent la Chaldée, l'Asie mineure, l'Egypte, s'étendirent jusqu'à l'Indus, et se servir des gloires anciennes pour justifier l'Iran moderne ? On disait : « Voici l'Iran d'hier et cette grande œuvre continue, nous sommes à la tête de la civilisation comme nous l'avons été il y a deux millénaires et demi. » Maigre consolation !

Les ruines grandioses de Persépolis ont eu la faveur des dernières années du règne ; on les choisissait pour les manifestations culturelles et même pour travailler sur le Plan quinquennal. Je ne sais si la musique et la danse étaient propices à la réflexion et si l'on pouvait faire dans cette ambiance des calculs très rigoureux. Mais il y avait dans ce décor de quoi se monter la tête et croire que l'Iran était dans le peloton de tête des pays avancés, ce qui faisait dire au roi que nous allions bientôt être la septième ou la sixième puissance du monde.

Les fêtes de 1971 ont porté au plus haut point la gloriole satisfaite. Je n'y suis pas allé, je n'aurais pu supporter une ostentation aussi insolente ni le grotesque qui en était la rançon. On a fait venir de toutes les parties du monde des raretés incroyables, le petit déjeuner des invités, presque tous couronnés ou l'ayant été, était servi par des chefs de chez Maxim's, transportés par avion. Les tentes somptueuses, chefs-d'œuvre de la technique, avaient coûté des sommes considérables. On avait voulu reconstituer le passé avec l'aide des couturiers parisiens et surtout des posticheurs, qui avaient fourni des tonnes de barbes pour les défilés, les barbes des Perses de l'Antiquité qui avaient causé aux Grecs une si vive impression, avant qu'ils ne s'organisent pour battre à leur tour les « barbares ».

Et dans le même temps on entendait déjà très nettement craquer la monarchie prête à s'écrouler. On entendait la jeunesse d'un pays dont la moitié de la population a moins de vingt ans, trépigner. Tandis que se déployaient les fastes crépusculaires, un mollah hystérique profitait des mascarades pour exciter davantage les pauvres, les déshérités, les gens qui ne dansaient pas à la musique du roi.

4.

Les séductions du parti unique

« Le peuple iranien est invité à travailler et à se taire. »
Ce slogan qui fleurissait sur les murs de Téhéran sous Reza
Chah aurait pu y trouver sa place également sous son
successeur. Comme je l'ai dit, le début de son règne avait fait
croire que les partis auraient toute liberté de se créer et
prendre une part active dans la politique de la nation. Mais
ils manquaient de base idéologique et de cadres. Seul le
Toudeh, émanation de l'étranger, possédait idéologie et
structure ; son inspiration franchement marxiste ne l'avait
pas empêché de se déclarer monarchiste dans ses statuts. Il
fut dissous en 1949 après l'attentat contre le Chah, bien
qu'on n'ait jamais su si l'agresseur, qui fut abattu sur place,
était un vrai communiste. Le texte mettant le Toudeh hors la
loi n'a jamais été abrogé.

Jusqu'en 1950, les partis, du fait de leur multitude,
n'exerceront pas d'influence. Lorsque Reza Chah mit le nez
hors de son pays, en 1934, pour se rendre en Turquie sur
l'invitation de Kemal Atatürk, il découvrit, parmi d'autres
merveilles inconnues de lui, le parti politique unique. L'idée
allait germer d'une génération à l'autre : Mohammad Reza,
en 1955-1956, prenait l'initiative de créer non pas un parti
mais deux, dans le cadre du Parlement. Il demanda à certains
parlementaires de s'inscrire au premier, aux autres d'entrer
dans le second. On les appelait en manière de plaisanterie :
Coca-Cola et Pepsi-Cola, même bouteille, même substance,
même saveur.

Sur 200 députés, 150 appartenaient au Melliyoun (nationaliste) et 50 au Mardom. C'était toujours le Melliyoun qui se trouvait au pouvoir. Manoutcher Eghbal, qui restera trois ans premier ministre, appartenait à ce parti ; c'était un médecin incroyablement doué pour collectionner les présidences, il fut à la tête d'environ 70 organismes et vécut bien pendant quarante ans, ayant la main heureuse jusqu'au bout, puisqu'il sut quitter ce monde un an avant la révolution qui ne l'aurait sûrement pas épargné. Si la fin dernière de l'Etat est la tranquillité du roi, il fut, au même titre que Hoveyda, un homme providentiel.

Lors donc que des élections devaient avoir lieu, on disait : « telle circonscription pour tel parti, telle autre pour l'autre », on jouait avec les députés et avec les étiquettes comme au jeu des Sept familles.

Une formalité qu'on pouvait encore économiser : le roi se rendit compte qu'elle ne servait à rien, que les problèmes politiques n'étaient pas résolus pour autant. Il rassembla les cartes dans sa main et en fit sortir un parti unique : « Irané Novine », « Nouvel Iran ». Un des artisans du projet était Hoveyda lui-même, qui cumulera vers la fin la charge de premier ministre et celle de secrétaire général du « Nouvel Iran ».

Ce parti a gouverné l'Iran pendant douze ans. Pour mieux dire, il a servi d'alibi au pouvoir personnel. Ses secrétaires généraux successifs, qui coulent aujourd'hui leurs vieux jours à Nice, se faisaient passer pour des idéologues, terme bien excessif dans la mesure où il contient le mot « idée » ; la classe dirigeante politique en sera si continûment dépourvue, se montrera si ridicule que Khomeiny, son heure venue, pourra paraître sans étonner personne.

En 1974, le roi invitait des journalistes étrangers pour leur faire part d'une grande nouvelle : la création d'un parti unique, le « Raztakhiz » (Résurrection), destiné à rassembler l'ensemble des Iraniens. A ceux qui refuseraient d'y adhérer, le monarque dit : « Prenez votre passeport et videz les lieux ! » Tout le monde, à l'exception de quelques-uns dont j'étais, se disputa les cartes. Pour être employé dans une administration, il fallait en avoir une. Même les membres du Toudeh appartenaient au Raztakhiz, le cœur d'un côté, la raison de l'autre. Hoveyda n'eut qu'à sauter d'un bureau dans l'autre, qui était peut-être le même, je n'ai pas vérifié ; secrétaire général de Nouvel Iran, il l'était à présent de Résurrection. Après lui, Amouzegar lui succédera dans ses deux fonctions. Il faut attendre Charif Emami, nommé président du Conseil en 1978, pour que la charge ministérielle se dissocie de celle de chef de parti.

Quels étaient, face à ces formations officielles, les droits de l'opposition ? La brève éclaircie du gouvernement Ali Amini, en 1961-1962, avait en principe autorisé la création de partis sur la recommandation des Américains. Elle ne pouvait se faire en réalité que sous haute surveillance. Un parti, fût-il royaliste et tout dévoué à la monarchie constitutionnelle, une fois ses statuts enregistrés, devait encore subir l'examen de la Savak. Rien ne pouvait exister sans son accord.

Les formations composant le Front National, parmi lesquelles le parti Iran auquel j'appartiens, vivotaient. Parfois nous allions en prison. Parfois il y avait une certaine libéralisation, comme du temps de la présidence de Kennedy ; nous en profitions pour manifester. Nous ne pouvions pas diffuser de communiqués dans les journaux, qui étaient censurés par la Savak. Notre seul moyen d'expression était le tract anonyme ; si nous y mettions notre signature, on venait immédiatement nous chercher. En 1977, avec Sandjabi et Forouhar, j'ai adressé une lettre ouverte au roi, sur les éternels sujets : la Savak, la corruption, les libertés politiques, la Constitution. Le jour même, j'ai préparé ma valise ; j'avais une « petite valise de prison », contenant le nécessaire en cas d'arrestation. C'était une question d'habitude. J'ai été six fois arrêté, six fois emprisonné. J'ai passé derrière les barreaux les six derniers mois de 1960, toute l'année 1961, l'année 1962 et les six premiers mois de 1963. Le reste du temps, je vivais en résidence surveillée.

Le roi aurait pu nous faire fusiller tous, il en avait les moyens. Pourquoi s'en est-il abstenu ? Je ne pense pas que ce soit par grandeur d'âme bien que le Roi ne fût pas particulièrement cruel. Il en a, selon moi, été dissuadé par les Américains, qui craignaient les réactions de l'opinion occidentale. On aurait compris, durant ces années de guerre froide, qu'il le fît pour des communistes ou des terroristes, mais non pour des patriotes auxquels on ne pouvait reprocher que d'avoir une opinion différente de celle de leur souverain.

Les partis uniques n'ont servi l'intérêt ni de Mohammad Reza Chah ni de la nation. Ils ont eu pour résultat que le *main stream,* le courant central, s'est détourné vers les canaux de dérivation : les mollahs, la religion, le Toudeh... Le courant modéré centriste a été empêché de s'exprimer, ne jouant plus son rôle dans la conduite des événements. Comment se montrer surpris qu'une telle situation ait débouché sur le chaos ?

Le moment est venu d'accuser les traits du souverain, dont je n'ai fait qu'esquisser le visage dans les chapitres précédents. Mohammad Reza Chah souffrait d'une mégalomanie incontestable, il était soupçonneux, n'avait confiance en personne. Avait-il des amis ? C'est triste à dire, mais je ne le pense pas. Il était entouré de gens qui s'écrasaient devant lui, profitaient des avantages, formaient sa cour. Ce n'étaient pas des amis.

Mossadegh en avait, il suscitait des admirateurs qui à tort ou à raison l'aimaient tel qu'il était, avec ses qualités et ses défauts. Sadate pouvait avoir des amis, parce qu'il inspirait confiance et qu'il était doté d'un courage exceptionnel. Le Chah décourageait l'amitié. Il ne pouvait admettre qu'un homme ait plus d'intelligence, de beauté, de force, d'attrait, de richesse que lui. Il se devait d'être le premier en tout, ce qui l'amenait à ne s'entourer que de médiocres et de corrompus. Il n'a pas su attirer la jeunesse, elle se jettera, le jour venu, dans les bras de Khomeiny.

L'idée qu'il se faisait de lui-même était celle d'un guide universel. Il s'occupait de tout, même de la nomination d'un chef de police dans une sous-préfecture ; intervenait dans les achats ou les ventes d'actions des entreprises, dans leurs stratégies de développement ; se donnait pour un expert des questions pétrolières et énergétiques. Son action devait être une réponse au monde, une réponse à l'histoire ; le résultat a été doublement décevant.

Il aura même la maladresse d'écrire des livres. Frédéric

le Grand en a écrit, mais il était aussi surnommé « l'Unique ». Le titre qu'il a choisi est significatif de son état d'esprit : *Mission for my country*. Quelle mission ? Créer une grande civilisation. Comment créer une grande civilisation, alors que 55 % des Iraniens ne savent pas lire, en dépit des parades de l' « armée du Savoir » ? Il aurait été plus sage de ne pas exprimer de telles ambitions dans un ouvrage de l'esprit et de consacrer à réduire l'analphabétisme l'argent utilisé à envoyer des jeunes gens étudier aux USA où ils goûtaient une liberté que, revenus dans leur pays, ils s'étonnaient de n'y pas trouver.

Malgré les faux-semblants, le pays était privé de fondations et de structure ; le premier vent balaiera tout, ce sera Khomeiny. Persistant dans sa suffisance et sa jalousie de tout et de tous, le roi n'a jamais fait appel aux hommes capables de fortifier à la fois son pays et son trône. Il estimait suffire à tout. Mossadegh disait : « Dans tous les pays, il y a un premier ministre qui veut devenir le roi ; en Iran, c'est le roi qui veut devenir premier ministre. »

Mohammad Reza Chah a été aimé deux fois en trente-sept années de règne. La première du temps de Ghavam Saltaneh, après la libération de l'Azerbaïdjan ; la deuxième quand Mossadegh nationalisa le pétrole. Il connut deux triomphes qui n'étaient pas organisés par la Savak, mais ce furent les seuls.

Il me fit, quelques jours avant son départ définitif, une confidence : « Il y a une chose que je ne puis supporter, c'est qu'on écrive sur les murs des choses abjectes à mon sujet. — Bien, Sire, répondis-je, accordez-moi cinq ou six jours et cela changera. »

Le soir, à la télévision, je fis cette déclaration : « Depuis quarante ans, il n'y a pas eu en Iran de premier ministre qui ait osé prendre ses responsabilités, si vous exceptez la courte période de Mossadegh. Aujourd'hui, je dois vous dire que je prends toutes les responsabilités ; s'il y a quelque chose qui ne va pas, c'est à moi qu'il faut vous en prendre. Je ne me cache derrière aucune autorité, l'Etat est responsable devant la nation. »

Cinq jours plus tard, le roi me confiait : « On n'écrit plus de choses contre moi sur les murs, mais vous, qu'est-ce que vous prenez ! » Je lui ai répondu : « C'est la règle. » Je crois qu'on ne lui avait jamais parlé ainsi.

5.

Le premier ministre
qui disait toujours oui

Beaucoup de personnes sont imbues de cette idée que c'est la Chabhanou qui a causé la catastrophe où l'Iran se débat. Je sais que des gens le répètent, mais je n'en crois rien.

Etrange destin que celui de cette femme qui a fait rêver toutes les jeunes filles du monde en ceignant le diadème. Epouser le Chah d'Iran, était-ce un sort bien enviable? Farah Diba, lorsqu'elle fréquentait l'école Jeanne-d'Arc puis le lycée Razy, était très sportive, éveillée, active; c'est ainsi que la voyait tout au moins ma fille Viviane, qui fréquentait les mêmes établissements, bien qu'elle fût plus jeune. Farah Diba appartenait à une famille modeste; son père, colonel, étant mort très tôt. Une petite orpheline, donc, que le roi remarqua un jour qu'à Paris elle avait lu devant lui, lors d'une visite officielle, une pétition des étudiants iraniens. Je présume qu'il fut aussitôt épris. Ce fut sa troisième épouse, il souhaitait qu'elle lui donnât un héritier.

Au début, elle n'avait aucune sorte d'influence sur le roi, s'effaçait devant lui, à la différence de Soraya, qui le devançait toujours de trois ou quatre pas. Après la naissance du petit prince, elle commença à s'occuper d'œuvres de bienfaisance et d'entraide. Je me suis laissé dire qu'elle avait des idées libérales et progressistes.

Un défaut dont elle ne se corrigera jamais, même au prix de nombreux exercices, c'est le ton larmoyant qui lui vient quand elle parle, surtout en iranien. Au demeurant cultivée, manifestant un goût prononcé pour la littérature et la poésie, même la poésie française, ce qui est très rare chez les Pahlavi. Elle m'a un jour envoyé un Eluard. Elle est aussi la seule personne de la famille impériale à posséder une culture iranienne assez consistante.

Dans le milieu où elle entrait, ses premiers pas n'ont pas dû être faciles. Force lui fut de tempérer ses élans humanitaires et pourtant, malgré l'excentricité de mode à la cour et au gouvernement, elle était attentive aux pauvres, aux malheureux et je n'ai trouvé chez elle ni arrogance ni méchanceté.

Elle a été emportée par le courant qui voulait que la famille royale soit citée six fois par jour à la radio et à la télévision ; il est difficile de le lui reprocher. Ce qu'il est juste de retenir, c'est son rôle dans le domaine culturel. Elle est à l'origine, en cette matière, de l'européanisation de l'Iran. On lui doit d'avoir incité le roi à établir un pont entre les cultures occidentale et orientale, invitant au palais de nombreux artistes, poètes et philosophes. Mais elle a su se garder relativement des interférences dans les affaires de l'Etat. Je l'ai rencontrée trois mois avant mon accession au poste de premier ministre, elle m'a confié qu'elle avait des idées très proches des miennes et que, si j'avais eu des ennuis avec la Savak, elle n'avait pas elle-même été épargnée, quoiqu'à des degrés différents !

La Chabhanou a rarement agi, en tout cas, dans son intérêt. Il faut répondre à ceux qui soutiennent qu'elle est cause de la chute des Pahlavi, que l'injustice était inventée depuis longtemps avant son arrivée, que la corruption allait bon train et qu'elle a toujours essayé, par des méthodes certes rudimentaires et peut-être inefficaces, de cicatriser certaines blessures, de faire pencher le roi vers une société plus paternelle, plus bienveillante. Le peuple a tout mis dans le même panier, le roi, Ashraf et la Chabhanou, accusant celle-ci de pratiquer la démagogie. A-t-elle excité la haine des mollahs par ses actions en faveur de la libération des femmes ? Peut-être, mais Khomeiny serait venu sans cela. Il faut équitablement rendre responsables des malheurs de l'Iran ceux qui le gouvernaient.

S'il y a un membre de la famille royale qui a exercé sur la conduite des affaires une influence certaine c'est la sœur jumelle de Mohammad Reza Chah, la princesse Ashraf. Elle était un élément politiquement indésirable. Mossadegh l'avait si bien compris que, après sa nomination, il accourait au Palais : « Sire, je vous demande une seule chose. Je demande que la princesse Ashraf et elle seule soit expulsée aussi rapidement que possible par vous-même, car je n'ai pas le droit de le faire et elle ne s'en ira pas de son propre gré. » Et la princesse a été expulsée d'Iran, ce dont elle garda toujours une grande amertume. Je l'ai rencontrée il y a quelque temps, à Paris, et nous avons eu la conversation suivante :

— Vous parlez de Mossadegh en termes bien élogieux.

— On ne saurait faire trop d'éloges de Mossadegh ; il a été très utile à l'Iran, l'Histoire est là pour le dire.

— Vous savez ce qu'il m'a fait ?

— Je sais que vous n'étiez pas en très bons termes avec lui...

Elle lança alors, l'œil luisant de colère :

— Il m'a f... à la porte de mon propre pays, trois jours après sa nomination par mon frère !

On peut remarquer à juste titre que cette éviction va à l'encontre du droit des gens mais, étant donné les liens familiaux qui l'unissaient au souverain, il aurait été difficile de la traduire devant un tribunal, de la juger, de la condamner. Il valait donc mieux qu'elle s'en aille.

La princesse et l'impératrice n'étaient pas faites pour s'entendre : Ashraf ne supportait aucune influence, autre que la sienne, sur la conduite de l'Etat. C'est elle qui gouvernait en fait. La Chabhanou a convaincu son mari de faire partir Ashraf un an avant sa chute. Elle était une fois de plus chassée de son propre pays.

A cet effet, j'ai demandé à mon ministre des Affaires étrangères de me débarrasser des ambassadeurs indésirables. La règle était la suivante : ceux qui étaient en poste grâce à leur mérite devaient rester, les autres devaient quitter leur charge. Il m'a alors dressé une liste de douze ambassadeurs à évincer, ceux de Washington, Paris, Londres, etc. Après étude, nous avons accepté qu'ils soient tous démis ; sur les douze, six étaient des créatures de la princesse.

Un homme politique a tenu une place considérable en Iran pendant le règne du Chah, au moins d'un point de vue quantitatif puisqu'il détient le record de la longévité ministérielle, c'est Amir Abbas Hoveyda. De janvier 1965 à août 1977, il a été premier ministre à peu près treize ans.

Je l'avais connu alors que j'étudiais à Beyrouth ; plus jeune que moi, il fréquentait le même lycée de la Mission laïque, je crois me souvenir que son père était consul à Damas. C'était un garçon rondelet, hardi, prenant des initiatives. Bien qu'appartenant à une autre classe, il venait souvent dans la nôtre pour nous proposer une idée de sortie ou de sottise à faire. Je ne sais pas quelles études il a poursuivies ensuite ; il est allé en Belgique et en France, puis est entré au ministère des Affaires étrangères. Je ne l'ai revu que trente ans après à Beyrouth, dans une réunion destinée à mettre sur pied une association Afrique-Asie. Il parlait le français, l'anglais, le turc, l'arabe, ayant été en poste dans plusieurs ambassades ou consulats où il avait pu cultiver les langues. Au moment de nos retrouvailles, il était assistant du directeur de l'Iranian Oil Co.

Je suis allé le voir dans son bureau de la compagnie et me suis fait une première idée de sa personnalité. Il m'a fait l'impression d'un homme qui glisse à la surface des choses, n'approfondit rien, ne prend aucune décision de principe et se contente de déployer un certain charme indiscutable. Hoveyda est un homme qui, à ma connaissance, n'a jamais fait de mal à personne, mais il a rarement fait du bien, en dehors des services rendus aux « copains ».

Il réussit à être nommé ministre des Finances dans le gouvernement d'un de ceux-ci, Hassan Ali Mansour. Lorsque, moins d'un an plus tard, Mansour fut assassiné, le roi le choisit pour lui succéder. Cela s'expliquait aisément : après avoir réprimé, en 1962-1963, le Front National et nous avoir jetés plusieurs fois en prison, le Chah avait voulu renouveler la classe politique dirigeante en faisant appel à des hommes nouveaux, sans passé politique et en même temps sans personnalité. Son choix tomba en particulier sur trois personnages : Mansour, Hoveyda et un certain Khosravani, qui avait été sous Mossadegh mon chef de cabinet.

Hoveyda était plus urbain, plus ouvert, plus accueillant que Mansour. Personne ne sortait mécontent de son bureau. Je pense que sa jovialité prenait sa source dans une parfaite irresponsabilité. Premier ministre entièrement soumis, il accepta imperturbablement que la Constitution n'existât que sur le papier et que le roi poursuivît jusqu'au bout sa Révolution blanche. Ils s'entendaient très bien ensemble. Il avait de sa charge une conception très peu possessive. Quand il présentait le budget, il montrait son attaché-case aux députés en disant : « C'est fait ; je reviendrai avec ça l'année prochaine. » Le Parlement n'avait plus qu'à entériner, comme il l'avait fait lui-même en prenant ses ordres du roi. Vers la fin, il avait pris l'habitude de dire : « Le commandement a donné l'ordre. » Où avait-il vu dans la Constitution l'existence d'un « commandement », nul ne le sait.

Il s'entendait fort bien aussi avec Nassiri, avec la reine. Avec qui ne s'entendait-il pas ? Il était d'une extrême vigilance pour conserver ses amis, ses relations. Son secrétariat ne laissait rien à désirer, il vous envoyait un manuscrit de Chateaubriand s'il apprenait que vous appréciiez cet écrivain. Il se faisait aimer par le roi d'Arabie comme par le roi d'Angleterre, il avait des relations publiques extrêmement efficaces. On ne l'a jamais vu derrière un bureau, il était installé dans son cabinet de la façon la plus détendue, les jambes croisées, chaussettes tombantes, près de son râtelier à pipes et, quand vous arriviez, il s'exclamait de joie, vous embrassait et disait toujours : oui, quoi que vous demandiez.

Alors qu'il était ministre des Finances, il m'avait demandé de venir le voir et m'avait posé cordialement cette question : « De quoi avez-vous besoin ? » Je lui répondis de ne parler en aucun cas de moi au roi, que j'avais assez de ressources et que je ne souhaitais pas contracter des obligations.

Il gérait des fonds secrets considérables, qu'il distribuait à droite à gauche, aux mollahs aussi. On le considérait comme de famille Baha'is, son père appartenait certainement à cette religion, qu'il a pour sa part pourchassée, étant de toute façon agnostique. Un journaliste français m'a raconté qu'étant allé lui rendre visite, il s'était vu poser cette question : « Avez-vous besoin d'argent ? » Comme il se récriait, Hoveyda lui avait dit : « Non, non, ne vous formalisez pas. C'est que nous avons neuf milliards de dollars et que nous ne savons pas quoi en faire. »

Cet homme qui faisait figure de représenter une nouvelle génération correspondant à ce que le roi désirait pour l'édification de l'Iran nouveau, a été une des causes déterminantes de ce qui nous est arrivé un an après sa chute. Avant son arrestation, le souverain lui confiait encore : « Tu es le meilleur chef de gouvernement que l'Iran ait connu. Tu sais combien je t'estime et je t'aime. » Obligé, devant la tension qui croissait, de se défaire de lui, il lui proposa — je tiens ce renseignement du roi lui-même — le poste d'ambassadeur en Belgique, qu'il refusa. S'il s'était agi de la France, des Etats-Unis ou de l'URSS, la chose se serait probablement faite, mais comment pouvait-il, après treize ans de gouvernement, accepter une ambassade dans un pays qui ne fût pas de premier plan ?

Hoveyda resta donc en Iran. On le voyait l'après-midi sortir de sa maison, au nord de Téhéran, en short, des raquettes de tennis à la main, pour aller jouer dans un quartier voisin ; il saluait aimablement les gens.

Le roi prit la décision de l'arrêter en 1978, pour calmer la grogne accumulée par des années d'erreurs, en même temps que plusieurs autres. Le général Nassiri, qui ne dirigeait plus la Savak mais se trouvait comme ambassadeur au Pakistan, fut rappelé pour subir le même sort. Il s'agissait de personnes à qui on reprochait à tort ou à raison de ne pas s'être acquittées de leurs fonctions comme elles l'auraient dû ou de s'être rendues coupables de graves exactions. Le maire de Téhéran, M. Nikpey, était du nombre et retrouva Hoveyda en prison avec d'autres personnalités civiles ou militaires. Il fallait surtout trouver des boucs émissaires, mais on peut dire que dans de nombreux cas ceux qui en jouaient le rôle l'avaient amplement mérité.

Le gouvernement du général Azhari, entre le 6 novembre 1978 et le début de janvier suivant, fera procéder à d'autres arrestations. Moi-même j'en ferai arrêter quelques-uns, dont Houchang Nahavandi, ancien ministre et chef de cabinet de la reine, qui a changé plusieurs fois d'opinions politiques.

Pour tous ces gens, la chose était nouvelle, car ils n'avaient jamais été arrêtés. Pendant vingt-cinq ans, les prisons du Chah avaient servi à d'autres. Je ne veux pas dire qu'il faille établir dans cette sorte de choses une « alternance » ; simplement, l'impunité ne pouvait pas être éternelle. J'avais inscrit dans mon programme une disposition ainsi rédigée :

« Toutes les personnes qui ont manqué à leur devoir selon la loi et la Constitution, seront jugées par un tribunal. »

Le projet a été soumis au Parlement, qui a voté le texte. Il s'appliquait aux quinze dernières années. Etaient donc justiciables tous ceux qui, pendant ce temps, avaient exercé une influence sur la vie de la nation et, bien sûr, tous ceux qui en exerceraient une dans l'avenir. Je pouvais moi-même avoir à répondre de mes actes de gouvernement.

La juridiction était populaire. Le jury était composé de 40 personnes, dont quinze désignées par le ministère de la Justice. Telle était la nouveauté. Il existait des lois similaires que nous aurions très bien pu mettre en application : des lois militaires — j'y étais formellement opposé — et des lois civiles. Mais celles-ci étaient de la compétence de la Cour de Cassation, dont les juges émanaient de la Savak.

Notre organisme se révélait donc nécessaire. Or personne n'y a cru. Le peuple avait été si longtemps privé de liberté qu'il ne pouvait comprendre qu'on lui dise maintenant : « Vous existez ! Vous êtes quelqu'un ! Parlez, élevez la voix ! » Ce peuple n'avait rien contre moi, mon passé lui donnait confiance, mais la nouvelle juridiction était trop en avance sur le temps ; il ne parvenait pas à croire à ce dont il n'avait aucune expérience.

Hoveyda était incarcéré dans une prison militaire. Je l'ai fait visiter par le procureur de Téhéran, je me suis intéressé aux conditions de détention qui étaient faites à ces « politiques ». Ils étaient convenablement traités, recevaient leurs repas de chez eux, avaient des communications avec leurs parents et amis. On ne les avait pas mêlés aux détenus de droit commun. L'ancien premier ministre passait ses journées à lire et à écrire.

En tant que chef du gouvernement, j'ai demandé au juge d'instruction de procéder à plusieurs interrogatoires, dont ceux de Nassiri et de Hoveyda. Nous leur avons communiqué les charges qui pesaient sur eux. Ils devaient être jugés selon la loi que j'avais fait promulguer, avec toutes les garanties voulues. La chute de mon cabinet a changé tragiquement les données du problème. Les gardiens de la Révolution ont attaqué les endroits où étaient les détenus. Certains ont eu la chance de s'échapper, d'autres ont été pris, la plupart ont été fusillés.

Hoveyda est mort assassiné et non exécuté en application d'une sentence. C'est un crime odieux comme tous ceux auxquels se livrera la République islamique. Il n'en avait pas moins eu l'occasion de répondre à ses juges et ses arguments, devant n'importe quel tribunal, montrent à quel point sa cause était indéfendable. « Je n'y suis pour rien, dit-il, c'est le système qui était faux. » Le plus bienveillant des juges lui aurait répliqué : « Monsieur, le système, c'était vous. Vous avez été premier ministre, après avoir été ministre des Finances et avant de devenir ministre de la Cour. Vous étiez un ministre qui ne savait pas dire non. »

Il demanda un mois pour rédiger sa défense et écrire un livre. Il n'était pas nécessaire d'écrire un livre ; trente pages suffisaient. Le livre, c'est son frère Fereydoun, traducteur patenté des livres du Chah, qui l'écrira pour lui. Ce personnage sans scrupules, patronné par Ashraf et son entourage, les menacera de publier, à moins qu'on ne lui donne 100 000 dollars, un factum où il se propose de montrer que son frère était innocent mais qu'il a été trahi par le Chah. C'est une excuse facile ! Je tiens cette information des milieux royalistes.

Il est vrai qu'un argument n'a pas plus d'effet qu'un autre devant la justice de Khomeiny. Quelques mois après mon départ, un journaliste iranien avait le courage d'écrire :

« On veut exécuter M. Hoveyda parce qu'il n'a pas respecté la Constitution et l'on veut exécuter M. Bakhtiar parce qu'il a voulu l'appliquer. Drôle de pays ! »

Amouzegar ne fut pas emprisonné par le Chah, parce qu'il sut quitter le pays à temps. Cet homme, qui fut chef du gouvernement un an, d'août 1977 à août 1978, avait été précédemment ministre pendant dix ans sous Hoveyda. Djamchid Amouzegar était droit, intelligent, doté d'une mémoire fantastique. On peut néanmoins le qualifier de parfait technocrate, il n'avait pas l'étoffe d'un chef d'Etat et se montrait dépourvu de sens politique.

Après des études d'ingénieur à Téhéran, il avait séjourné aux Etats-Unis, gardant de bonnes relations dans ce pays. Il n'était pas pour cela ce qu'on appelle un homme des Américains. Son honnêteté peut être attestée par le fait qu'il travaillait pour gagner sa vie.

Nous arrivons au moment où le Chah ne sait plus à quel saint se vouer. Amouzegar n'était pas l'homme de la situation. Il tenta de redresser celle-ci, mais les choses ne cessèrent de se dégrader : cinémas et banques incendiés, climat d'insécurité croissant. Les Occidentaux conclurent que la politique du roi n'était plus acceptable.

Et pourtant Mohammad Reza Chah s'entêtait. Il semblait contraire à sa nature qu'il fît appel à une personnalité au passé intègre. Dans son jeu des sept familles, il tirait toujours les mêmes cartes, ne reconnaissant pour siens que ceux qui ne pouvaient rien faire pour lui, les cartes à coup sûr perdantes. Il tira Charif Emami, qui avait été premier ministre dix-sept ans plus tôt puis président du Sénat. C'était un affairiste, lié à tous les scandales, à tous les projets financiers importants susceptibles de lui dégager des bénéfices, un individu aucunement recommandable, la dernière personne à laquelle il aurait fallu songer. Comme on dit en français, si le Chah avait voulu faire son malheur, il ne s'y serait pas pris autrement.

Emami ne tint pas trois mois. C'était déjà trop. Le Chah s'affole, il bat son jeu, il coupe, il trouve une carte qui n'avait pas encore servi, du moins à cela. Le général Gholam Reza Azhari, quatre étoiles, chef d'état-major des Forces armées.

Son cabinet comprend sept militaires, les militaires participent au pouvoir dans toutes les villes, la situation devient explosive. Le Chah, dans une déclaration extrêmement mesurée, admet avoir entendu la voix de son peuple : des réformes profondes vont être engagées. Avec un général quatre étoiles ? Il affirme qu'Azhari n'est pas là pour longtemps : c'est provisoire, juste le temps de trouver un civil qui fera l'affaire. Le peuple est en état de révolte et, de fait, on ne peut pas reprocher au général d'avoir trop occupé le devant de la scène ; il gouvernera deux petits mois et aura bien été la moitié de ce temps à l'hôpital. Le roi n'a pratiquement pas de gouvernement, il se meut dans un climat d'incertitude et de mélancolie. Sa fameuse déclaration lui a fait perdre la face. Dans son livre, Nahavandi écrit : « Mais qui donc a rédigé ce discours insensé ? » Eh bien, tout simplement M. Nahavandi, pour une partie tout au moins.

Jimmy Carter arrive à Téhéran le 31 décembre 1978 et déclare superbement :

« L'Iran est une île de stabilité dans une des régions les plus troublées du monde... Il n'y a pas d'autre dirigeant pour lequel j'éprouve une gratitude plus profonde et une plus grande amitié que le Chah. »

Où était la stabilité ? Le 7 novembre 1977, arrestation de l'ancien premier ministre Amir Hoveyda. 8 septembre 1978, les 700 morts de Téhéran lors du trop fameux « vendredi noir ». 16 août 1977 — 31 décembre 1978, la valse des gouvernements, l'échec du général Azhari.

Et ce n'était hélas ! qu'un début.

6.

La farandole des ministères

Je viens de résumer les événements de la tumultueuse année précédant l'arrivée du « fetneh Khomeiny », « fetneh » étant un mot iranien qui signifie « fléau ». C'est ainsi qu'ils se sont présentés pour qui les vivait : en un torrent précipité préludant à la débâcle. Maintenant je voudrais aller un peu plus au fond des choses ; expliquer le pourquoi de ces mouvements incohérents en apparence mais liés, si l'on en découvre le principe, à une réalité simple et désolante.

Un phénomène constant avait été, jusqu'alors, la répugnance fondamentale du Chah à l'égard de l'opposition. Un jour vint où, malgré son éloignement de la réalité, il se rendit compte que les choses allaient mal. Le gouvernement Hoveyda n'avait pas tenu ses promesses, on manquait d'électricité à Téhéran, même en plein été — je cite ce cas parce qu'il joua comme un révélateur — alors que l'on avait annoncé une augmentation de la production de 37 % par an, taux considérable. Le coût était également très élevé, mais les projets ne dépassaient pas le stade de la planche à dessin. On entendait donc crier partout : « Corruption, corruption ! »

La prise de conscience eut d'autres causes : Carter, à qui il n'y a rien à reprocher sur ce plan, mettait le roi en garde contre les exactions de la Savak et les tortures. Au cours de sa campagne électorale, Carter avait d'ailleurs exprimé devant certains amis ses préoccupations ; il avait dit : « Nous aurons des problèmes avec certains pays, trois en particulier : la Corée du Sud, l'Argentine et l'Iran. Ce ne sera pas facile de s'entendre avec ces messieurs. »

La maladie a sans doute aussi poussé le roi à la réflexion. Il était très malade, mais personne ne le savait, excepté sa femme et deux ou trois personnes très discrètes. Même sa sœur jumelle Ashraf n'en était pas informée. J'ai appris il y a peu de temps qu'il en avait avisé le Président Giscard d'Estaing ; c'est peut-être la raison pour laquelle il avait donné son accord à celui-ci pour que Khomeiny trouvât refuge en France. Il espérait reprendre souffle grâce à l'éloignement du trublion sans comprendre que, de ce point de vue, Paris ou Neauphle-le-Château étaient plus proches de Téhéran que l'Irak ou la Syrie.

Le Chah pensa donc qu'il devait prendre position pour un certain changement. Constatant que le gouvernement Hoveyda n'avait pas résolu les problèmes, malgré toutes les facilités qui lui avaient été données : paix à l'extérieur et à l'intérieur, moyens financiers, il décida de nommer premier ministre le ministre des Finances de Hoveyda. Amouzegar forma un cabinet plus acceptable que le précédent. Il essaya de mettre un peu d'ordre et d'assainir la vie politique, mais il appartenait quand même à l'ancien régime. Il avait été pendant les trente ans écoulés au moins douze ou treize fois ministre, fait partie de tous les cabinets ou presque. Je ne doute pas qu'il fût un patriote ni de son honnêteté, mais enfin ce n'était pas une nouvelle figure, il ne suscitait pas l'enthousiasme dans la perspective d'un changement. Il faut ajouter que le roi, pour tenir ses gouvernements en main, excellait à dresser les ministres les uns contre les autres ; il donnait raison à tel ou tel, arbitrait les différends et parvenait ainsi à garder toujours une partie du conseil en réserve. Il excitait Amouzegar contre Hoveyda, lui disait : « Après tout, votre tour doit arriver ; pourquoi pas ? » Le climat n'était pas favorable à l'éclosion d'un *deus ex machina*.

Jusqu'au dernier jour, le roi se montra prêt à composer avec n'importe qui, excepté avec les mossadéghistes. En septembre 1978, c'est-à-dire quelques mois avant la révolution, il affirma textuellement à un journaliste américain [1] que l'opposition dite Front national n'était composée que d'agents de l'Ouest résolus à remettre le pays entre les mains des communistes.

On voit à quel point la haine peut abolir la logique la plus élémentaire : si nous étions des agents de l'Ouest, comment pouvions-nous être chargés en même temps de donner l'Iran aux communistes ? Il y avait une faille considérable dans son raisonnement, qui s'explique par la rancune inextinguible qu'il vouait à Mossadegh. Pendant un quart de siècle, il n'a cessé de le traiter de démagogue, de lui dénier tout patriotisme, de l'accuser de tous les vices possibles. Il l'a traité de la manière la plus détestable jusqu'à son lit de mort ; dans sa *Réponse à l'Histoire,* il n'a pas de mots assez violents pour le clouer au pilori : « personnage pitoyable, affabulateur, extravagant... incompétent, négatif, rempli de jactance démagogique, rhéteur, comédien... » Sa belle sérénité l'abandonne, dans la recension avantageuse qu'il fait de son règne, dès que vient sous sa plume le nom honni que, pour notre part, nous n'avons jamais cessé d'honorer.

On ne saurait trop insister sur ce comportement psychologique, par lequel a été constamment écarté un courant profond incarné dans une bourgeoisie et une intelligentsia aspirant à l'application stricte de la Constitution et se réclamant plus ou moins de Mossadegh pour cette raison même. Le roi ne pouvait l'ignorer. La lettre que nous lui adressâmes respectueusement, dix-huit mois avant la prise du pouvoir par Khomeiny, et à laquelle j'ai fait allusion, avait été traduite en dix langues et répandue à des centaines de milliers d'exemplaires à travers le monde. Toute la presse internationale l'a reproduite. Mohammad Reza Chah était au courant, mais il ne voulait pas entendre parler de nous.

En revanche, il était parfaitement capable de s'entendre avec les mollahs. Il entretenait avec l'immense majorité d'entre eux des rapports étroits ; des sommes fabuleuses leur étaient versées discrètement, soit par la Savak, soit par la présidence du Conseil. En dehors, bien entendu, des fonds

---

1. M. Schmitt, de *Newsweek.*

qui leur étaient donnés régulièrement en application des lois en vigueur.

Le Chah a considérablement facilité la tâche de Khomeiny de différentes façons. Les forces vives de la nation, trouvant la route barrée, ont trouvé pour une partie d'entre elles des refuges dans la classe religieuse. Comme il était interdit de se regrouper dans l'opposition et impossible de le faire dans les cellules du parti politique unique, la jeunesse se jeta dans les bras du clergé ; la route nationaliste était fermée, celle de la religion était ouverte. Echappatoire qui ne déplaisait pas aux Américains, pour la raison que selon eux la religion n'était pas dangereuse et que les jeunes gens pouvaient sans dommage dépenser leur énergie et leur bêtise dans cette voie.

Conception naïve, car les communistes, avec les méthodes qui sont les leurs, avaient formé des alliances avec tout le monde et surtout avec les mollahs. Le résultat est concrétisé dans ce qu'on appelle les moudjahiddines ; ce sont des communistes qui se sont donné un masque religieux ou si l'on préfère des religieux qui sont devenus marxistes.

Le clergé, qui n'avait pas eu l'occasion de montrer sa puissance depuis vingt-cinq ans, sauf à quelques occasions, comme Khomeiny lui-même en 1962 et 1963, trouva une audience rapide ; les cellules de cette nouvelle force se formaient dans les mosquées, alimentées d'un côté par l'argent de l'Etat et du roi, de l'autre par les dons de Khomeiny, qui recevait des fonds de certains pays étrangers musulmans et en rétrocédait une partie aux mollahs, afin qu'ils le soutînssent dans son combat.

Amouzegar, en succédant à Hoveyda, a coupé en partie les ressources des mollahs ; il leur en a retiré peut-être même plus de la moitié. C'était déjà considérable. Quand on m'a apporté la liste, en 1979, j'ai constaté que certains mollahs percevaient plus d'un million de francs par an ; l'attribution de certains autres dépassait le million de dollars. Si l'on ajoute les dons faits par les bazaristes pieux, la révolution khomeinyste n'était pas privée de moyens financiers.

Nous n'avions pas le droit, nous, de nous réunir, même dans nos maisons, mais Khomeiny disposait par la ville de centaines de mosquées pour rassembler ses sympathisants. Le ton était donné, on criait « Vive l'Islam » parce qu'on n'avait pas le droit de crier « Vive Mossadegh », puis, derrière l'Islam, il y eut Khomeiny. Voilà comment on réussit une « révolution » ou un chambardement.

Amouzegar, lui, n'a pas réussi pour les raisons que j'ai énumérées mais aussi parce qu'il maltraitait les mollahs en leur coupant les vivres. Il semble, au demeurant, qu'il y ait eu dans son cabinet même et dans son entourage des gens intéressés à envenimer les rapports du clergé et du gouvernement.

A cette époque, des articles sont parus dans certains journaux, qui n'étaient pas à la hauteur des institutions que nous aurions dû avoir. Qui les avait inspirés ? On en a accusé des puissances étrangères mais cela n'est pas certain. Le fait est que ces articles insultaient bassement tout le clergé et en particulier Khomeiny. Ils brossaient de lui un portrait des plus ridicules, le donnaient pour homosexuel, auteur de poésies libertines, déterraient des histoires de jeunesse... S'ils faisaient partie, comme cela semble évident, d'une campagne de presse dirigée, ils atteignirent leur objectif. Ils suscitèrent la colère des fanatiques du mollah et le firent connaître de ceux qui ne s'étaient pas encore intéressés à lui.

En face de cette ébullition, le Front national demeurait peu actif. D'abord paralysé par le gouvernement, il ne sut pas profiter de la libéralisation amorcée par Amouzegar, pendant toute cette année où les mollahs voyaient leur influence monter en flèche. Dans tout mouvement, dans toute organisation, le rôle du secrétaire général est capital. Or nous avions le malheur d'avoir à ce poste un homme mou par nature, indécis, charmant certes mais n'étant pas celui qu'il aurait fallu en cette occasion. Sandjabi n'était pas non plus homme de principes, de tradition. Il se déclarait religieux sans l'être à l'excès, car on ne peut pas faire partie du Front national et être un dévôt.

A côté de nous existait l'organisation de Bazargan, qui avait des accointances avec le Front national sans en être partie intégrante. C'était un autre genre de caractère ; ce centralien, directeur de l'Ecole Supérieure des Techniques,

Président pendant un temps de la Compagnie nationale de Pétrole, ne pouvait avoir la même mentalité que Khomeiny. C'était un nationaliste, mais souffrant d'un grave défaut : lui non plus ne savait pas dire non. Je l'ai dit à propos de Hoveyda, je puis le répéter en évoquant de nombreuses personnalités de l'Iran moderne : tous les malheurs viennent des hommes d'Etat qui ont la prétention de diriger et qui sont incapables de prononcer ce petit mot lorsque c'est nécessaire. Bazargan possédait une âme profondément religieuse, il nourrissait des préoccupations théologiques, ce qui ne l'empêchera pas de devenir, vers la fin, Président des Droits de l'homme en Iran. Les deux choses ne vont pas ensemble. On ne peut pas imposer le chaddor aux femmes et défendre les Droits de l'homme. D'ailleurs Khomeiny ne manquera pas de le lui dire : « Qu'est-ce que c'est que ces Droits de l'homme dont vous parlez ? Il y a l'Islam et ça suffit, ça remplace tout. »

Une divergence de stratégie s'est manifestée au sein du Front national. Le problème se posait de la façon suivante : fallait-il se battre pour un gouvernement nationaliste, laïc, démocratique, ou jouer le jeu des mollahs et se faire enturbanner ? On pourrait établir aussi un parallèle entre cette situation et celle de la France en 1940 : de nombreuses personnalités ont été dépassées par les événements, comme Reynaud, d'autres ont eu assez de force pour se décider en fonction de leurs convictions, tel de Gaulle. Les intellectuels, la petite bourgeoisie, les universitaires, les professions libérales, le petit bazar connaissaient le même dilemne. Les uns étaient attirés par le mystère Khomeiny, d'autres en avaient peur. Le sentiment d'une majorité peut s'exprimer ainsi : puisque avalanche il y aura, laissons-nous entraîner. Pourquoi résister à un phénomène inéluctable ? En conséquence, eux aussi voyaient dans la lune l'image de l'ayatollah, les journaux parlaient, le plus sérieusement du monde, de miracle.

Mais le Front national en tant que tel ne soutint pas le mouvement de Khomeiny. Pour ma part, je m'y employai activement, fidèle aux positions que j'avais prises et que nous avions prises déjà en 1962. C'est cette année-là que nous entendîmes parler pour la première fois d'un mollah du nom de Rumolla Khomeiny. Plusieurs d'entre nous étaient alors dans les prisons du Chah. Des éléments religieux du Front national, comme Bani Sadr, nous demandèrent s'il n'y avait pas lieu d'approuver les propositions de Khomeiny. Celui-ci se prononçait contre les principes de la « révolution blanche » et à cela nous pouvions envisager de souscrire. Mais il contestait aussi le droit de vote pour les femmes et toute espèce de réforme agraire. Notre réponse fut donc négative.

Ces ouvertures allaient être suivies d'événements graves. Le mollah dirigea des bagarres sanglantes, qui éclatèrent à Qom et à l'est de Téhéran. Des centaines de fanatiques recrutés par des organisations plus ou moins obscures se ruèrent ensuite sur le centre de la capitale. L'armée reçut l'ordre de tirer à vue et Nassiri fut chargé de l'opération, qui se solda par des centaines de morts. On m'a dit — car je n'avais pas la liberté de m'en informer sur place — que les cadavres furent si nombreux qu'on dut les jeter dans un lac au sud de Téhéran. C'est en récompense de ses hauts faits que Nassiri fut nommé à la tête de la Savak en remplacement de Pakravan.

Amouzegar, pour en finir avec lui, a quand même su juguler la spéculation qui se donnait libre cours dans les alentours des grandes villes ; grâce à lui le prix des terres a été réduit de 50 %. Hélas ! des résultats de cet ordre se noyaient dans l'agitation générale ; le destin du pays se jouait maintenant dans la rue. On pillait les banques, le temps des assassins était arrivé. Au milieu d'août, un incendie éclate au cinéma Rex, à Abadan ; 380 personnes périssent dans les flammes, des innocents, avec des femmes, des enfants. La soudaineté du sinistre empêche les pompiers de la raffinerie d'arriver à temps ; on raconte que les portes ont été fermées de l'extérieur. C'est une catastrophe nationale.

Du côté des communistes et des mollahs, on crie que c'est un crime de la Savak. La Savak était ce qu'elle était, mais ces accusations, outre qu'elles sont fausses, ne résistent pas à l'examen. Quel intérêt peut avoir un gouvernement qui cherche la tranquillité à créer une telle atmosphère ?

L'incendie était incontestablement criminel, mais les auteurs en sont les mollahs. Je l'affirme d'une manière absolue. Qu'est devenu, du reste, l'homme qu'on a arrêté par la suite et qui a avoué ? Il s'était réfugié en Irak, il est revenu en Iran. On ne sait plus où il est, la justice de Khomeiny a fait fusiller deux policiers à sa place. Comme cela arrive parmi les loups. Il y a eu les enterrements, quarante jours plus tard les retours de deuil, les cérémonies se répétaient, prétextes à autant de démonstrations. Tout cela était conduit par les mollahs ; les pratiques religieuses de l'Islam devenaient des éléments déstabilisateurs du régime.

7.

L'étonnante métamorphose
d'un courtisan

Les attentats, en se multipliant, sonnèrent le glas du gouvernement Amouzegar. Rendons un dernier hommage à ce premier ministre avant de le quitter : c'est lui qui a limogé Nassiri, chef de la Savak pendant treize ans et dont la mémoire restera à jamais sinistre. Les excès des terroristes téléguidés par le clergé provoquaient naturellement la répression, mais ceux qu'on en avait chargés n'étaient pas à la hauteur de leur tâche. On ne les y aidait d'ailleurs pas. C'est une des questions que je poserai à la reine : « On dépense dans ce pays des milliards de dollars à toutes sortes de choses. Pourquoi n'avez-vous pas un équipement qui permette aux policiers de disperser les rassemblements et de désarmer les manifestants sans les tuer ? Un de ces équipements qu'on utilise dans tous les pays civilisés pour les combats de rue. Il en coûterait peut-être un million de dollars mais nous en avons déjà tant gaspillé ! »

Eh bien, j'appris qu'on y avait pensé, mais quand je voulus suivre l'affaire, on me répondit qu'on avait ouvert une adjudication. Tel était l'état d'esprit dans le royaume du Chah : on avait consacré des sommes folles à transformer en cité des mille et une nuits une île[1] abandonnée du golfe Persique, on y avait planté des arbres venus de tous les continents, installé la climatisation, on y acheminait de l'eau douce par avion, je me suis même laissé dire que l'on s'adressait à Mme C. pour organiser les plaisirs des Cheiks, et

1. Ile de Kish.

dans le même temps, quand on pensait enfin à acquérir un matériel apte à assurer le maintien de l'ordre tout en épargnant la vie de centaines d'Iraniens, on ouvrait une adjudication !

Charif Emami, nouvel aurige du char de l'Etat, joue dès son arrivée (27 août 1978) le jeu des mollahs. Il déclare : « Je ne pactiserai jamais avec les traîtres mossadeghistes mais le clergé, c'est la lumière, cela vient d'en haut. » Les déclarations d'Emami, pendant son très court gouvernement, peuvent composer un florilège. S'adressant au Parlement, il a cette parole étonnante : « Je ne suis plus le Charif Emami d'il y a vingt ans, vous avez devant vous un homme nouveau. » Phrase absurde ! On ne change pas du jour au lendemain. Quand on a été chef de gouvernement en 1960, puis présidé aux destinées de différents organismes officiels parmi lesquels la Fondation Pahlavi, il est impossible de prétendre qu'on apporte le changement. En écho à cette étonnante présentation, je dirai aux députés : « Messieurs, je suis le même homme que j'étais il y a trente ans, je reste exactement le même. » Il est utile de faire savoir si on a honte de son passé ou non.

Je pense plutôt avec Bergson : « Notre passé se conserve, il nous suit pas à pas. »

Emami cherche à amadouer un certain clergé, envoie une délégation à Khomeiny, qui est encore en Irak, et cela amène le roi à se livrer à certaines réflexions, à saisir certaines réalités. On commence à dire non seulement « A bas Charif Emami », mais aussi « Vive la révolution ». On commence à blasphémer les choses sacrées en y mêlant parfois le nom du roi. Il y a des marches et des manifestations qui rassemblent jusqu'à trois ou quatre cent mille hommes. Il faut dire qu'en Orient, c'est plus facile qu'ailleurs parce que, en principe, on ne travaille pas. Vers la fin, c'est devenu un amusement, une institution islamique.

Après la constitution de ce gouvernement de Charif Emami, les incidents se précipitent, émeutes, incendies, attaques de banques ; ils éclatent dans plusieurs villes, à Ispahan, à Tabriz... Le roi avait nommé cet homme qui ne pouvait faire quoi que ce soit. Si, il promulgue la loi martiale, il envoie l'armée dans les rues ; c'est une décision dangereuse car si cela dure des semaines ou des mois, il se produit une fraternisation des soldats et de la foule, au détriment du maintien de l'ordre ; les officiers ont des difficultés à se faire obéir, l'ardeur n'est plus la même, les mots d'ordre révolutionnaires circulent dans les rangs.

Mais la loi martiale fait des ravages bien avant. Elle est promulguée le jeudi 7 septembre au soir, la veille de manifestations où une foule importante était attendue. Il y eut une faute capitale de la part du gouvernement, car les manifestants ne pouvaient être tous au courant, le matin fatidique, de l'interdiction de se rassembler à plus de cinq personnes. C'est ainsi que se sont produits les heurts de ce qu'on a appelé le « vendredi noir ».

On appellera aussi Oveyssi, gouverneur militaire de la capitale, le « boucher de Téhéran » parce que c'est lui qui a donné l'ordre de tirer sur la foule. Je n'ai aucun point commun avec le général Oveyssi. Ni ma formation ni mon passé ni mes idées ne me rapprochent de lui. Mais j'estime qu'il n'a fait qu'exécuter l'ordre d'un gouvernement qui porte toute la responsabilité du carnage pour n'avoir pas retardé l'exécution de la loi martiale.

Oveyssi, qui vit maintenant en France, était exactement l'exécutant qui obéit sans penser. D'une culture médiocre, il n'a pas été formé en Europe ni même dans une école militaire comme nous en avons quand même en Iran. Il a occupé toutes sortes de positions, toujours poussé par le Chah ; je n'ai jamais eu de bons rapports politiques avec lui mais la probité exige qu'on ne lui fasse pas endosser ce vendredi noir dont il n'a été que l'instrument.

Les médias ont exagéré en parlant de milliers de morts. J'ai moi-même fait transporter à mon chauffeur 18 blessés, dont 17 ont été guéris à l'hôpital ; les multiples rapports que j'ai eus en main, car je m'occupais justement de ces choses-là, me permettent de dire que le nombre des tués ne peut pas dépasser 700 ou 800. C'est déjà suffisant sans qu'on ajoute à l'horreur.

Les mollahs et la clique de Khomeiny y avaient intérêt. Ils ont hurlé : « Assassins, bandits ! » désigné d'un doigt appelant au châtiment des coupables, le Dieu du ciel, le Dieu de clémence, mettant en avant des préceptes religieux qu'ils se garderont bien d'appliquer eux-mêmes lorsqu'ils seront du côté des fusils.

Le général Azhari, appelé aux affaires, cherche lui aussi à se mettre dans le ton islamique qui est devenu de mode. On attendait de lui au moins des phrases de militaire, il prononce des phrases de mollah : « Au nom de Dieu très miséricordieux... » Il y gagne bientôt le surnom d'« ayatollah Azhari » et, pour d'autres raisons sans doute, un infarctus. Le roi recommence ses consultations, il a fait le tour de ses réserves en hommes d'Etat dociles à sa politique, fait quelques pas en direction d'Oveyssi, d'Abdollah Entezam, ne pousse pas très loin, comprend qu'il ne pourra pas continuer à mettre bout à bout des gens incapables de redresser tant soit peu la courbe du destin et perd ainsi un temps précieux.

Il se produit alors un phénomène nouveau : les espoirs du Chah flottent dans les eaux de l'opposition. Une telle nécessité a dû lui peser énormément. Mais enfin il tire trois noms : Sandjabi, Bazargan et le mien. C'est ainsi que je reçus un jour un coup de téléphone du général Moghaddam, nouveau directeur de la Savak :

— Puis-je venir vous voir ?

— Mais monsieur, ma porte est ouverte, vous pouvez venir.

Il arriva dans sa voiture personnelle, sans escorte, en plein jour. Je lui dis :

— Monsieur, je vous ai dit que j'étais disposé d'une façon constante à discuter avec quiconque de l'avenir du pays. Mais j'ai des principes sur lesquels je veux insister. Nous avons dit et répété, et vous êtes bien placé pour le savoir, que la Constitution doit être appliquée. Moi, je me tiens à cette position.

J'ajoutai :

— Quand vous déciderez-vous à comprendre que le temps passe. Il est déjà trop tard. En tout cas, ce que vous voulez faire, faites-le aujourd'hui plutôt que demain.

Il m'a regardé avec un certain étonnement :

— Oui, mais si vous ne collaborez pas...

— Avec qui voulez-vous que je collabore ? Si c'est avec d'autres hommes politiques, oui, je suis d'accord. Mais il faut que le roi admette que la Constitution donne tous les pouvoirs au gouvernement et que lui n'est qu'un symbole de l'unité, accepté par toute la nation. C'est tout, ça s'arrête là. Si au contraire il veut se mêler de ceci et de cela, désigner tel ou tel ministre, je ne suis plus d'accord, nous garderons notre position telle qu'elle a été depuis toujours.

Je savais qu'il avait eu des entrevues avec Bazargan, avec Sandjabi, et qu'ils lui avaient tenu des propos assez semblables aux miens ; ils ne pouvaient pas lui en tenir d'autres. Nous nous sommes revus, il m'a avoué :

— C'est Sa Majesté qui m'a chargé de discuter des problèmes de l'Iran avec vous, Bazargan et Sandjabi.

8.

Quand l'opposition flirte
avec le turban

La rupture du Front national, qui était consommée alors, avait eu pour origine une aventure burlesque montrant à quel point Khomeiny exerçait déjà son emprise sur les esprits. L'Internationale socialiste se réunissait, en cette année 1978, à Vancouver, au Canada. Elle nous avait demandé d'envoyer un observateur pour exposer la situation de l'Iran devant les délégués. Après plusieurs conversations, nous envoyâmes M. Sandjabi. Un procès-verbal précisait l'objet de sa mission. En gros, nous lui disions ceci :
— Monsieur, vous allez là-bas. Khomeiny est à Paris. Vous pouvez lui rendre visite, écouter ce qu'il raconte, mais ne prenez aucune sorte d'engagement. Vous avez un texte tout prêt à lui lire, vous exposerez ce que nous voulons concernant le droit des gens. Nous ne demandons rien d'extraordinaire, rien de révolutionnaire, nous désirons acheminer le pays, progressivement d'ailleurs, vers la démocratie. Nous désirons la mise en application, enfin ! de notre vieille Constitution qui a déjà soixante-dix ans et qui attend toujours d'être honorée. Nous ne croyons pas, contrairement à ce qu'on nous laisse espérer, que l'Iran devienne la Suède dans cinq ou dix ans. C'est peut-être une affaire de siècles. Mais qu'au moins il avance, d'une façon digne, vers un état de développement qui contribuera au bonheur de tous ses citoyens.

Le cher homme, toujours charmant, toujours souriant, toujours fuyant, ondulant, ondoyant, s'en va avec son rollet, que j'avais en grande partie rédigé moi-même. J'avais pesé chaque mot car, en bon laïc, je me méfie énormément des mollahs. Dans l'histoire de l'Iran, depuis mille cinq cents ans, chaque fois qu'un désastre a eu lieu, il y a toujours eu des mollahs du genre de celui-ci.

Arrivé à Paris, notre Sandjabi est accaparé par les lieutenants de l'iman, des gens comme Salamatian, cet éternel étudiant. Nous avions là-bas des étudiants âgés de quarante à cinquante ans, qui circulaient dans le Quartier latin en faisant des déclarations sur la liberté, une liberté dont nous avons vu ce qu'elle était lorsqu'ils sont rentrés avec leur maître. Ces hommes donc l'ont embobeliné bellement, en lui tenant des discours du genre suivant :

— Mais, mon ami, maintenant c'est Khomeiny. Le roi, c'est fini. Pourquoi voulez-vous lui imposer la Constitution ? C'est l'homme qui est fini, vous n'aurez plus de problème de ce côté-là !

Et Sandjabi est allé misérablement faire acte d'allégeance à Khomeiny. C'est-à-dire qu'il s'est présenté à Neauphle-le-Château où, après avoir parlementé longtemps, il a pu entrer et se faire recevoir comme un chien dans un jeu de quilles. L'iman lui a fait écrire et signer un papier, le lui a arraché des mains puis a dit :

— Bon, vous pouvez disposer.

Ce côté-là me plaît chez Khomeiny ; c'est un des rares. Il ne se perd pas en discussions, il dit : « C'est ainsi » et il ne reste qu'à l'envoyer au diable ou à se soumettre. Sandjabi s'est soumis.

J'ai vu le texte de la déclaration de Sandjabi. En substance, il reconnaît que, le roi ne respectant pas la Constitution, la monarchie a perdu sa raison d'être en Iran. Il admet le principe d'une révolution islamique et nationaliste (le mot islamique vient en premier, et d'ailleurs les deux termes ne vont pas plus ensemble que la chèvre et le chou) et d'un referendum propre à décider de l'avenir de l'Iran.

En sortant de l'antre, notre délégué a été à nouveau sermonné par les lieutenants. Ils lui ont dit :

— Vous avez vu l'ayatollah ? Le socialisme et la social-démocratie, cela ne signifie plus rien. Surtout n'allez pas au Canada, il vous arriverait un malheur : L'iman vous écrasera immédiatement s'il apprend que vous y êtes allé et que vous y avez côtoyé le représentant d'Israël et ceux de pays plus ou moins païens.

Et Sandjabi n'est pas allé au Canada. Quand on fait acte de soumission, il faut le faire jusqu'au bout. Il a repris l'avion et il est revenu en Iran, très fier de son exploit.

Nous l'étions beaucoup moins, moi en tout cas. Je l'ai aussitôt apostrophé :

— Qui vous a donné l'autorisation de signer une telle déclaration ?

— Je croyais que j'étais mandaté par le Conseil.

— Non, monsieur ! On vous a dit d'aller au Canada, on ne vous a pas dit d'aller à Paris. Paris, c'était en passant. Si vous aviez envie d'y séjourner quelque temps et même de vous y installer au retour, parce que vous y avez vos enfants, libre à vous. Quant à Khomeiny, vous pouviez lui rendre visite pour voir ce qu'il avait dans la tête. Vous n'aviez jamais rencontré ce diable-là ; il pouvait être utile de connaître sa façon de raisonner, ses projets ; ensuite nous aurions pris la position qui convenait.

Ce pas de clerc me consternait. Il nous mettait tous dans une position difficile. Je repris la parole :

— Non, vous n'aviez pas le droit d'agir de cette façon. Moi, je ne me soumets pas. Quel que soit l'avenir de l'Iran, je considère Khomeiny comme infiniment plus dangereux que son système de mollahs et que les cliques envoyées par lui pour allumer des incendies et faire sauter des bombes. La richesse nationale est en jeu, vous n'avez pas le droit de nous soumettre à des hommes ignorants, de livrer le pays à un obscurantisme qui le fera rétrocéder dans la nuit des temps.

Et j'ai annoncé que je ne participerais plus au Conseil exécutif du Front national. Nous étions cinq, Sandjabi avait deux voix pour lui, donc la majorité. Ils n'y ont gagné que de croupir aujourd'hui dans le fond d'une prison, attendant d'un moment à l'autre d'être exécutés. J'ai rompu avec le Front national en expliquant :

— Nous avons été les disciples de Mossadegh pour l'application intégrale de la Constitution. En Amérique comme dans d'autres pays occidentaux, on apporte parfois des modifications à la Constitution, on supprime un mot, un article, pour les remplacer par d'autres. C'est possible chez nous aussi, mais nous n'avons pas le droit de faire comme si ce texte n'existait pas.

Peu de temps après, Sandjabi montrait une nouvelle fois sa faiblesse de caractère en demandant, par l'intermédiaire du chef de la Savak, d'être reçu par le roi. Celui-ci le raconte dans ses *Mémoires* :

« Il me baisa les mains, protesta hautement de sa fidélité à ma personne et se déclara prêt à former un gouvernement... »

Sandjabi avait par conséquent fait le tour de la question ; il n'eut pas plus de chance d'un côté que d'un autre. Le Chah continuait à avoir les yeux tournés vers son opposition traditionnelle ; ayant découvert cette nouvelle veine, il voulait en explorer les ressources. Il consulta Gholam Hossein Sadighi, ancien ministre de Mossadegh, un intellectuel. Sandjabi échoua pour deux raisons. D'abord il n'avait pas assez de bons collaborateurs possibles ; ensuite il demandait que le roi se retire dans une autre ville, au bord de la mer Caspienne ou sur le golfe Persique, de toute façon à l'écart de la capitale. C'était pour lui une condition essentielle.

Nouvelle occasion manquée ; l'obstination du souverain à refuser ce qu'il finirait par accepter avec moi et dans des conditions plus rigoureuses, nous fit perdre de nouvelles semaines. Lorsque Dieu veut perdre quelqu'un...

Le temps passait dans ces consultations stériles et permettait aux mollahs d'accumuler dans les mosquées des grenades supplémentaires, aux Palestiniens d'entrer subrepticement dans le pays sous des pseudonymes, aux agents communistes envoyés par l'Union soviétique d'infiltrer tous les milieux troubles. Toute la racaille s'est introduite en Iran.

Troisième partie

FIDÈLE A MA MISSION

1.

Vite ! Composez-moi
un gouvernement !

Pendant ces deux mois où les militaires ont été au pouvoir, la révolution s'est mise en place. Qui pouvait dénoncer ces préparatifs ? La presse était jugulée par le gouvernement, soumise à la censure. Pendant deux mois, aucun journal ne s'est résigné à paraître à Téhéran sous ces conditions.

Après l'échec de la mission Sadighi, le Chah me faisait ses premières ouvertures. Cela se passe un soir de la mi-décembre 1978 au Palais de Niavaran ; nous enchaînons ici sur la scène par laquelle débute cet ouvrage. Ses premiers mots :

— Je ne vous ai pas rencontré depuis combien de temps ?

Je réponds :

— Sire, depuis vingt-cinq ans. C'est une date dont vous devez vous souvenir.

Oui, il s'en souvient certainement : la chute de Mossadegh, il y a un quart de siècle à peu près jour pour jour. A deux mois près pour être exact. Sur une période aussi longue, cela ne compte pas. Il me dit :

— Vous êtes resté jeune, vous n'avez pas vieilli, en tout cas.

Je fais une révérence et nous nous installons à une table oblongue, dans deux fauteuils qui se font vis-à-vis. Il entame la conversation :

— Qu'est-ce que c'est que ce phénomène Khomeiny ?

Je comprends qu'il veut savoir comment j'explique

l'apparition, dans la vie politique de l'Iran, de cette nouvelle donnée.

— Sire, c'est tout ce qu'il y a de plus simple. C'est la réaction, une réaction tout au moins parmi d'autres, aux gouvernements successifs que nous avons eus et au sujet desquels nous avons demandé à plusieurs reprises à Votre Majesté de ne pas les soutenir.

— Comment cela ?

— Oui, parce que, sans votre appui, personne n'aurait supporté ces gouvernements. Votre force spirituelle était considérable mais en même temps, vous vous mêliez à ces compromis politiques, qui étaient du même coup cautionnés.

Il y a un silence très lourd, que je romps au bout de quelques minutes :

— Sire, est-ce que vous permettez que je vous dise une chose ? Je suis entré dans l'automne de ma vie, pour ne pas dire l'hiver. Cette pièce où vous me recevez a entendu des paroles remplies de mensonges. Est-ce que vous voulez que je continue dans la même tradition ou me permettez-vous d'exprimer la vérité, si amère soit-elle ? Si vous n'êtes pas disposé à écouter des paroles sincères, je peux me retirer. Je serai toujours à votre disposition si vous me convoquez de nouveau, mais ce sera pour vous dire de toute mon âme ce que je pense de l'avenir de l'Iran.

Il lève la main :

— Non, dites la vérité !

Nous nous engageons dans une conversation à la fois courtoise et directe, empreinte de franchise. Il me demande :

— Que pensez-vous de Sadighi ?

— Sadighi est un patriote, un intellectuel très honnête. Je l'ai eu comme collaborateur avec préséance, dans le gouvernement de Mossadegh. Professeur à l'université, il a été mis à la retraite sur sa demande ; il est donc disponible. S'il arrive à former un gouvernement, je suis disposé à l'aider.

Le roi semble prendre bonne note de ma proposition, puis me demande :

— Vous n'avez pas participé aux manifestations qui ont eu lieu dans la rue ces derniers jours ?

— Sire, je ne peux pas me jeter dans une foule dont l'idéal et la ligne politique ne correspondent pas aux miens, et crier avec elle. Je m'en tiens à mes principes.

— Pourquoi Sandjabi y est-il allé ?

— Sire, vous pouvez le lui demander. C'est son affaire ; moi je vous dis pourquoi je n'y ai pas participé.

Je pense qu'il avait apprécié que je sois resté sur ma réserve, malgré les pressions que je subissais et la présence dans ces défilés d'une majorité d'hommes politiques.

— J'ai préféré rester chez moi.

— Où habitez-vous ?

— Pas loin d'ici, à peu près à un kilomètre.

— Je vous appellerai quand j'aurai besoin de vous.

Le gouvernement Azhari pouvait-il être considéré comme ayant encore une existence ? Le désordre grondait dans la rue, le général était à l'hôpital, le roi se trouvait seul devant la poussée de la rue. Et pourtant il temporisait, attendant quoi ? La clef de cette hésitation est qu'il lui était difficile, après nous avoir dit pendant tant d'années que nous étions des incapables, des gêneurs, de nous ouvrir les bras en avouant : « J'ai besoin de vous. »

Dix jours plus tard seulement, il me demandait de venir le revoir. Notre entretien a été plus bref, à peine vingt minutes ; il m'a dit :

— Le temps presse, dites-moi si vous êtes disposé à former un gouvernement.

Cette fois, je le voyais réellement inquiet. Mais pouvais-je répondre à brûle-pourpoint, ne fût-ce que pour apaiser cette angoisse ? Moi aussi à présent, j'avais besoin de réfléchir. La situation politique avait connu des développements importants par rapport à ce qu'elle était encore deux mois plus tôt. J'avais perdu en grande partie l'appui du Front national, la poussée populaire s'accentuait au-delà des limites supportables. On serait à beaucoup moins réduit à l'impuissance, écrasé par les événements, frappé d'étourdissement. Il faut garder la tête très froide et rassembler tout son courage pour naviguer à contre-courant. Et quel courant ! Quel torrent, quelle avalanche !

— Je suis à votre disposition, Sire, mais il faut d'abord

que j'étudie le problème de plus près. Il y a, d'une part, les conditions imposées par l'atmosphère actuelle et, de l'autre, mes idées propres en ce qui concerne le gouvernement. Ces deux réalités doivent être conciliables si je veux parvenir à un résultat. Puis il faut que je cherche des collaborateurs ; il n'y en a pas des foules, par ces temps-ci, qui soient honnêtes et que les gens respectent. Je serai peut-être obligé de faire appel à des inconnus, à condition qu'ils n'aient pas été mêlés à des affaires louches.

Le roi acquiesçait, puis il m'a interrompu :

— Je vous comprends, mais le temps presse.

— Sire, je vous demande dix jours.

— C'est trop.

— Je ne peux pas aller plus vite. En tout cas je vais faire au mieux.

En quittant le palais, je sentais peser sur moi une très grande responsabilité. Je me rappelle m'être dit : « Ah ! Si le temps était calme et si les affaires marchaient, on ne m'aurait pas demandé de former un cabinet. » Comme celle de l'esclave chargé, dans les triomphes romains, de rappeler constamment au général vainqueur : « Souviens-toi que tu es un homme », une voix me murmurait : « Le roi t'a appelé parce qu'il n'avait personne d'autre. »

Dans ce cas, la tentation était forte de répondre : « Qu'il aille chercher un premier ministre où il voudra ; il en a consommé déjà un nombre appréciable, il en reste néanmoins des quantités qu'il pourrait essayer les uns après les autres ! » Seulement, la vérité est qu'il ne s'agissait plus du roi, il ne s'agissait même pas de la Constitution, il s'agissait de l'Iran. L'Iran, une réalité supérieure à tout !

Le problème était dès lors résolu : il fallait que je fasse quelque chose. Que l'on ne puisse pas dire un jour, dans l'Histoire, qu'après avoir clamé pendant ving-cinq ans que tel ou tel principe devait être appliqué en Iran, j'avais répondu au dernier moment : « C'est trop tard ! » Le médecin appelé au chevet d'un agonisant tente pourtant de le sauver. Il lui offre sa dernière chance.

Cependant, pour Mohammad Reza Chah, ma réponse

ne faisait pas de doute. Avant de me laisser partir, il m'avait dit :

— Puisque Azhari est mourant, s'il veut partir pour l'étranger, donnez-lui son passeport.

— Mais je n'ai aucun pouvoir en la matière !

— Il n'y a pas de premier ministre ; les autres, ce sont des militaires. Voulez-vous accepter de donner des ordres par téléphone ? Je donnerai de mon côté des instructions pour que les affaires urgentes vous soient soumises, que l'on vous consulte.

C'était aller vite en besogne et, d'une certaine façon, me forcer la main. Je pouvais accepter ou refuser ; j'ai choisi une réponse intermédiaire :

— S'il y a quelque chose d'urgent, évidemment, et que l'on me demande mon avis, je le donnerai.

J'étais rentré à mon domicile d'une heure, une heure et demie au plus, que le roi me téléphonait :

— Dites-moi quel jour vous pourrez présenter votre cabinet, afin que je le prévoie dans mon calendrier !

Le calendrier était réduit à sa plus simple expression en cette saison ; il n'y avait pas d'ambassadeurs à recevoir, il n'y avait rien.

— Je ne pourrai pas vous fixer une date avant dix jours, Sire. C'est matériellement impossible.

— Alors, quand venez-vous m'exposer vos conditions pour former le gouvernement ?

— Demain.

J'avais engagé en toute hâte une dizaine de collaborateurs, je les envoyai rechercher toutes les motions, toutes les résolutions qui avaient été votées pendant la dernière année à la fin des réunions ou des meetings. Puis je les comparai et observai que, de l'extrême-gauche aux monarchistes, tous étaient d'accord sur sept points, avec une régularité pendulaire, du temps d'Amouzegar jusqu'à ce jour.

J'ai procédé d'une façon simple : j'ai décidé que ces sept points seraient le programme à court terme de mon gouvernement. J'appliquais ainsi, on ne peut plus fidèlement, la volonté populaire. En fait, je les réduisis à cinq, auxquels j'en ajoutai deux, se rapportant au fonctionnement même du gouvernement que je voulais mettre en place.

Voici ce que demandait le peuple. Premier point, liberté de la presse ; cela correspondait à ma conviction intime. Deuxième point, dissolution de la Savak. Troisième point, mise en liberté des prisonniers politiques. Quatrième point, suppression de la Fondation Pahlavi. Cinquième point, suppression de la Commission impériale, qui intervenait dans les affaires du pays comme un contre-pouvoir.

Mes deux conditions personnelles : je devais avoir le choix exclusif de tous les ministres et, si cela était possible, je demandais à Sa Majesté qu'elle accepte de faire un voyage à l'étranger.

Sur ce dernier chapitre, je dois donner une explication : deux mois et même un mois et demi avant, je n'aurais pas formulé une telle requête. Mais la fièvre avait atteint un tel degré, l'atmosphère était si tendue que je pensais indispensable d'éloigner le roi. Je tenais, d'autre part, à avoir la maîtrise complète, de façon à diriger le pays selon les principes qui m'étaient chers depuis toujours. Sa présence en aurait gêné infailliblement l'application. Si j'avais réussi à remettre quelque ordre dans le pays, le roi aurait aussitôt renoué avec sa manie de l'intrigue, il aurait comploté avec l'un ou l'autre de mes ministres pour recouvrer le contrôle qu'il n'avait cessé d'exercer sur l'exécutif. Il aurait de nouveau voulu « diviser pour régner ». C'était cela le malheur de l'Iran, c'était cela son malheur à lui.

Puisque j'ai résolu d'être vrai, je confessai que je ne posais pas cette exigence de gaieté de cœur. Ma loyauté envers le souverain était complète, non par affection pour sa personne, mais parce qu'elle s'accorde à mes principes, à ma fidélité naturelle. Mais je craignais par-dessus tout les machinations et pensais qu'après tout je n'étais pas plus fort que Mossadegh, qui en avait fait les frais jusqu'à sa chute.

Me voici au Palais avec mes sept propositions. Je trouvai un souverain remarquablement conciliant ; les cinq premières furent acceptées sans discussion et même sans commentaire. Pour le choix des ministres, il observa :

— Vous me montrerez la liste, et je vous dirai.

J'inclinai la tête : je la lui montrerais, mais s'il voulait m'imposer un choix inacceptable, je refuserais. Venait enfin la question de son départ. Il me dit :

— J'envisage de faire un voyage. Mais je ne peux pas vous donner de précisions maintenant. Je vous en parlerai dans deux ou trois jours.

La chose était acceptée trop facilement pour que je ne pense pas aussitôt que la même demande lui avait été faite par les Américains. Le délai qu'il fixait à sa réponse définitive était probablement lié à des conversations qu'il avait avec eux. De fait, il reconnaît dans son livre *Réponse à l'Histoire* que les Etats-Unis désiraient également le voir s'éloigner. Comme il devait le dire sur la fin : « Je n'ai jamais rien refusé aux Américains. » Les raisons de ceux-ci étaient peut-être différentes des miennes, ils avaient un autre plan, mais nos points de vue se rencontraient. Je n'avais pas lieu de m'en plaindre.

2.

Le cabinet de la dernière chance

Avec le recul du temps, il me semble avoir poussé le scrupule un peu loin et, si je puis m'exprimer ainsi, avoir été honnête jusqu'à la candeur lorsque je demandai à Sandjabi et à quelques anciens amis ou ennemis de les rencontrer pour discuter de ce problème. Je dis à Sandjabi :

— Comme vous avez dix ans de plus que moi et que j'ai tout mon temps, après tout, je suis prêt à vous céder ma place.

Je savais qu'il avait empêché Sadighi de parvenir à un accord avec le roi et qu'il ne voulait à aucun prix voir quelqu'un d'autre réussir dans cette tentative de formation d'un gouvernement. Cependant, toujours onctueux, il me répondit :

— Le roi ne partira pas. Mais si vous arrivez à le persuader de le faire, je suis d'accord pour que vous constituiez un cabinet.

Le rusé personnage savait garder tous les atouts dans sa main. Malheureusement pour lui, quand l'heure sera venue de tirer son épingle du jeu, aucun ne lui servira.

Je continuais pendant ce temps de consulter, afin de réunir 12 personnes acceptables. Il en fallait à peu près 18, mais j'arrêtai là ma liste et cela pour deux raisons. D'abord je voulais garder pour moi le portefeuille de l'Intérieur. Ensuite, comme je ne désespérais pas encore de composer avec Bazargan et son clan, il me paraissait opportun de réserver plusieurs postes, de préférence ceux qui demandaient des cadres techniques, des ingénieurs. C'étaient l'Aménagement du Territoire, l'Equipement, l'Industrie et même les Communications. Je pourrais, les premières mesures prises, amener au ministère de nouvelles personnalités.

Le délai que j'avais fixé arrivait à son terme, je m'en fus voir le Chah avec ma liste. Le premier nom sur lequel tombèrent ses yeux était celui de mon ministre de la Guerre, le général Djam. Ancien Saint-Cyrien, c'était un homme de grande culture, qui connaissait trois ou quatre langues et lisait beaucoup. Il correspondait au « profil » que j'avais déterminé, n'ayant jamais été mêlé aux corruptions et ayant même su, certaines fois, alors qu'il était chef de l'état-major général, dire à Sa Majesté : « Non, ce n'est pas ainsi. » Il s'était opposé à certaines mesures, ce qui lui valut son limogeage. Je le faisais rentrer par la grande porte pour d'autres raisons aussi : j'avais la conviction que ce n'était pas un homme à coups d'Etat, tout le contraire d'un colonel grec ou sud-américain, et qu'il serait bien accepté par toute l'armée, y compris les généraux. En outre il pourrait m'apporter une aide précieuse par l'étendue de ses compétences. Détail anecdotique : Djam avait été le beau-frère du roi, ayant épousé, des années en deçà, la princesse Chamz, la première de ses sœurs. Son père, enfin, avait été premier ministre de Reza Chah.

Le roi me regarda avec un rien de méfiance :

— Comment le connaissez-vous ?

— Sire, je l'ai rencontré il y a quarante ans, puis une autre fois, plus récemment, à une cérémonie. C'est tout. Je n'ai jamais eu d'autre contact avec lui. Je ne l'ai même pas consulté pour savoir s'il acceptait.

— Il vous fera des ennuis.

— Quels ennuis voulez-vous qu'il me fasse ? Ou il accepte, ou il n'accepte pas. S'il accepte, ce sera un ministre comme les autres. Les grandes décisions seront prises collégialement, étant entendu que si je suis contre l'une d'elles, je ne l'applique pas. J'exposerai mon point de vue et celui qui ne sera pas content s'en ira.

Le chef d'état-major ne figurait pas, bien entendu, sur

ma liste. L'importance de cette fonction était pourtant telle que le roi aurait bien voulu savoir à qui je la destinais. Pas à moi-même en tout cas ; Azhari était resté chef d'état-major tout en devenant premier ministre, ce qui prêtait à rire à tout le monde.

— C'est Djam, par conséquent, qui le choisira ?

Je lui fis entendre le plus courtoisement possible que c'était mon problème ; mais en même temps je cherchais à épargner son extrême susceptibilité, à l'empêcher de penser : « Ah ! Il y a quelque chose qui se trame contre moi ! » Aussi ajoutai-je :

— Il me proposera deux ou trois généraux et je choisirai celui que vous voudrez.

Le deuxième nom que je livrai à la méditation de Mohammad Reza Chah était celui du ministre des Affaires étrangères, Mir Fendereski, le meilleur, le plus brillant de tous les diplomates iraniens. Il joignait à une profonde compréhension de tous les sujets de politique extérieure et à une parfaite habileté, la connaissance de quatre langues. Ayant servi dans un gouvernement précédent comme vice-ministre des Affaires étrangères, après avoir été ambassadeur à Moscou, où il était resté six ans.

Lui aussi avait eu des démêlés avec le roi. Celui-ci pouvait penser que je gardais chez moi un état signalétique complet de ceux qui avaient su un jour ou l'autre lui dire non. La liste certes n'en aurait pas été longue et aurait constitué un excellent critère au moment de choisir mes collaborateurs, mais loin de moi l'idée de procéder d'une façon aussi systématique. Il se trouvait simplement que mon attention était attirée par les hommes de talent, à condition qu'ils aient aussi de l'indépendance d'esprit et du courage.

Les ennuis de Mir Fendereski remontent à la Guerre des Six jours. L'URSS avait demandé au Chah l'autorisation, pour leurs avions allant ravitailler l'Egypte, de traverser une bande du territoire iranien. Il avait accepté. Une trentaine de cargos énormes avaient déjà survolé le pays, transportant du matériel, quand il revint sur sa décision :

— C'est assez, ils font de l'espionnage !

Si l'on veut aller au fond des choses, Mohammad Reza

Chah, assis une fois de plus entre deux chaises, aurait bien voulu aider l'Egypte mais sans faire de faveurs à la Russie, au risque de mécontenter les Américains.

— Sire, s'ils voulaient faire de l'espionnage, la besogne serait déjà achevée. Il n'y a pas tant de choses à espionner ici. En coupant maintenant le pont aérien, vous rendez furieuse l'URSS, pendant que de l'autre côté vous privez l'Egypte de matériel, alors que votre politique était justement de l'aider.

Il y eut une longue discussion entre eux, en présence du ministre des Affaires étrangères d'alors, que le souverain avait appelé. La guerre du Kippour dura moins longtemps que prévu, mais Fendereski ne rejoignit pas son poste.

Le Chah, résigné, m'accorda Fendereski, puis, comme les Affaires étrangères et l'Armée constituaient les points délicats, le reste passa comme une lettre à la poste. Mon cabinet était formé, nous allions pouvoir travailler.

Mais j'avais une mission prioritaire à remplir, une mission que je m'étais confiée à moi-même et à laquelle je tenais plus qu'à tout. Je convoquai soixante rédacteurs en chef de journaux, qui vinrent à mon domicile. La presse était en grève depuis deux mois ; ils se demandaient quelles propositions j'allais leur faire. Je leur tins le langage suivant :

— Messieurs, je n'irai pas à la Présidence du Conseil si vous ne reprenez pas le travail dès demain et si vous n'adoptez pas une nouvelle attitude : ce sera sans doute difficile au début, parce que vous n'y êtes pas habitués, mais je veux que vous jouissiez d'une liberté totale. Allez-y, n'ayez pas peur, vous ne serez pas poursuivis. A moins que vous ne fassiez quelque chose qui soit contraire aux lois, bien entendu, ou que quelqu'un — ce ne sera pas moi — vous attaque en diffamation. Mais dans ce cas, ce n'est pas devant les tribunaux militaires que vous aurez à répondre, ce sera devant les tribunaux civils.

La stupéfaction se mêlait à l'incrédulité sur les visages de mes auditeurs. Ils ne voulaient pas croire qu'il y eût un vrai gouvernement en Iran et me posèrent des questions sur les gouvernements militaires.

— Il est trop tôt, dis-je, pour abolir ce système, mais je

le ferai sûrement, province par province. De toute façon, dès maintenant, les gouvernements dépendent de moi directement. Je vous demande d'écrire ce que vous voulez. Si des militaires de la Savak viennent vous voir pour regarder ce que vous faites, mettez-les à la porte. Je leur donnerai des instructions formelles pour qu'ils ne vous dérangent pas. Laissez courir vos plumes, vous êtes désormais libres de faire votre métier.

Ils ont fini par me faire confiance et le lendemain les journaux sortaient. La terre n'a pas tremblé pour autant. Ils ont écrit d'énormes bêtises, mais cela s'est rapidement stabilisé. Il n'est pas bon de faire des victimes, des martyrs, c'est l'erreur la plus grossière. Ou bien les journaux publient des articles sensés et ils trouvent une clientèle, ou bien ils disent des absurdités et les gens finissent par s'en apercevoir. Considérons, par exemple, le cas, en France, de *L'Humanité* : qu'on l'interdise un beau jour, le scandale serait immense. Mais si on lui laisse exprimer n'importe quelle ânerie, il se discrédite lui-même.

Le moment était venu de présenter au roi le nouveau cabinet. Je suis allé le voir et lui dire :

— Il faut du nouveau, Sire. Nous allons venir en tenue très convenable mais sans queue de pie. Nous serons en veste noire ou en costume foncé, avec une chemise blanche et une cravate également foncée.

Puis nous nous mîmes d'accord sur l'allocution qu'il prononcerait. Entre-temps, le 3 janvier, le Sénat et la Chambre basse avaient ratifié ma nomination. J'avais déclaré à la presse :

« Je sais ma tâche immense et les difficultés quasi insurmontables que je vais rencontrer. Certains parlent de courage, ce n'est pas du courage qu'il faut mais de la témérité, pour accepter ce que j'ai accepté. » Je ne pouvais donc que prendre le plus possible de précautions et encourager le souverain à jouer son rôle sans restrictions.

Et le samedi 6 janvier, le premier jour de la semaine iranienne, puisque le jour de congé islamique est le vendredi, nous sommes allés au palais royal. J'ai présenté mon équipe sans courbette exagérée. Poliment, comme on fait en France, ou peut-être un peu plus, comme en Angleterre. Le roi a fait la déclaration que nous avions prévue, affirmant que, selon la Constitution, le gouvernement était responsable, que c'était lui qui décidait et que dans l'avenir, on ne reviendrait pas sur cela. Jamais Mossadegh n'avait pu obtenir de lui une position aussi claire, jamais depuis son accession au trône il ne s'était exprimé de cette façon. Il est vrai que nous nous trouvions placés dans des conditions dramatiques.

5 août 1906 — 6 janvier 1979 ; que de paroles, que de combats, que d'émeutes et de sang versé pour arriver à ce résultat !

3.

Le bonheur d'un peuple
ne passe pas par la révolution

« Une fois dans sa vie, monsieur, un homme doit savoir se jeter du haut de la terrasse du temple de Kiyomisu. » Cette phrase d'un général japonais s'appliquait parfaitement à mon cas, bien que je n'aie jamais connu un moment de désespoir. Deux forces me soutenaient : la certitude d'avoir dit la vérité et la détermination qui était la mienne de combattre Khomeiny.

Les deux choses étaient liées car, s'il est un point sur lequel je ne me suis pas trompé, c'est bien le péril mortel qu'il représentait pour l'Iran. Je pense que la suite des événements m'a amplement donné raison.

Si mon jugement a failli sur un détail, c'est par défaut : je n'avais pas évalué exactement son degré de cruauté et de férocité. Pour moi, c'était chose impossible, surtout de la part d'un mollah. Le goût du sang est plus odieux chez un pape que chez un général SS.

Les trente-sept jours que durera mon gouvernement mettront mes nerfs à rude épreuve, mais je puis dire que je les ai vécus sans défaillance et sans jamais perdre la force de sourire.

Mon souci fut de tenir les cinq engagements que j'avais contractés envers la nation. Cela se fit en moins d'un mois ; la Chambre n'avait pas le temps de reprendre haleine, je déposais les dossiers les uns après les autres et je pressais les députés de voter mes projets de loi. Après la presse, je libérai les prisonniers politiques. La Savak m'en avait laissé environ 900 [1], je fis ouvrir les portes des prisons ; Radjavi et les autres purent rentrer chez eux. Si j'ai quelque crédit, c'est sans doute parce que mon gouvernement était le premier à exécuter ses promesses au lieu d'exécuter ses adversaires. Les circonstances dans lesquelles nous nous débattions faisaient apprécier davantage de telles mesures, car après tout n'y avait-il pas danger à pratiquer la libéralisation alors que le pays était sur le pied de guerre ? Ai-je bien fait ? On dit généralement : l'avenir le montrera, mais ici l'avenir nous fut refusé, il nous tomba, du ciel paraît-il, un léviathan qui interrompit avec brutalité le cours des événements.

Je savais certes que je devais m'attendre à quelque chose de ce genre. Pourtant la bataille n'était pas perdue d'avance. Ma stratégie reposait sur deux principes : essayer de composer avec les mollahs, ne serait-ce que momentanément, et m'appuyer sur l'armée. Avec la coopération de celle-ci il était parfaitement possible de réussir, en mettant en œuvre des réformes que je qualifierai de libérales, des réformes répondant à ce que tous les partis politiques demandaient.

Je suis convaincu qu'avec deux ou trois semaines de plus d'appui de l'armée, Khomeiny aurait été prêt à transiger et j'en ai une preuve : mes amis décidèrent d'organiser des contre-manifestations. La première fois, il vint 5 000 personnes ; la semaine d'après, malgré les voyous de Khomeiny, les Palestiniens et les Libyens qu'il avait introduits, malgré les assassins qui infestaient les rues, il y en avait 20 000. La troisième contre-manifestation rassemblait 50 000 personnes. Ce sont des faits que tout le monde a pu vérifier.

Nous avions engagé une course de vitesse. Mon gouvernement inspirait confiance, parce qu'aucun de ses membres n'avait un passé douteux. Je m'adressais au peuple à la télévision plusieurs fois par semaine, pour inciter à la légalité, à la démocratie, au nationalisme. Je recevais des félicitations et des encouragements des gens les plus divers, y compris d'innombrables jeunes militaires.

A l'issue de la présentation du cabinet, le roi m'avait

---

1. A mon départ, quarante jours plus tard, il n'en restait plus que six.

demandé de rester un moment ; il voulait me parler de la Fondation Pahlavi. J'appris ainsi qu'il tenait sa promesse à ce sujet, mais qu'au surplus il avait décidé de transférer à l'Etat tous les biens de sa famille qui se trouvaient en Iran. Puisque la proposition venait de lui, j'acceptai aussitôt. Toutefois, je déclinai son offre de me charger du dossier ; j'avais bien d'autres choses à faire : je passais mon temps à surveiller les foyers de troubles, à envoyer des renforts là où ils se révélaient nécessaires.

— Il y a, Sire, des gens plus qualifiés pour cette tâche que moi. Il faut étudier un par un les dossiers, évaluer les biens, reprendre les archives du fisc. Nous y passerions plusieurs mois, même en agissant d'une manière expéditive.

Je lui conseillai de choisir une autorité totalement indépendante, un juge, un ancien président de la Cour de cassation me paraissait tout indiqué. Je surveillerais l'affaire s'il le fallait, mais je ne pouvais rien d'autre.

— Bon, me dit-il, mais sachez que le principe est accepté. Nommez vous-même qui vous voudrez.

— C'est une chose que je réglerai d'ici cinq ou six jours.

J'aurais voulu, comme Mossadegh, tenir conseil chez moi plutôt qu'à la Présidence, par goût de la simplicité et aussi pour rompre avec ces lieux où s'étaient passées tant de choses avec lesquelles j'avais résolu de rompre. Le Chah, à qui j'en fis part, me ramena aux réalités matérielles :

— Combien avez-vous de téléphones ?

— Un seul ; on m'a raccordé deux lignes supplémentaires pour les affaires courantes.

— Il vous en faut au moins quinze, et puis, tous ces gens, où allez-vous les mettre ? De combien de pièces disposez-vous ?

Je dus reconnaître que j'avais plus d'idées sur la manière de gouverner l'Iran que sur l'organisation d'une salle de conférences. Je me résignai à réunir mon cabinet à la Présidence du Conseil. Lorsque je voulais rencontrer le roi, le temps qu'il resta en Iran, j'allais en hélicoptère au palais de Niavaran.

Lorsque j'avais constitué mon équipe, beaucoup de gens que je pressentais avaient hésité. Il y a par exemple trois personnes qui collaborent avec moi aujourd'hui en exil, des hommes compétents et intègres. Ils pensaient que j'avais raison mais ils avaient peur. On ne peut certes demander le même stoïcisme à tout le monde ni à n'importe quel moment. En revanche, ceux qui me donnèrent leur accord me soutinrent jusqu'à la dernière minute, à l'exception d'un seul, M. Sadegh Vaziri, ministre de la Justice, dont je dus enregistrer la défection. Issu d'une famille kurde, Vaziri, magistrat à la Cour de cassation, était un homme honnête, très calme, dont le défaut dominant consistait à avoir un frère proche du parti communiste. Ce frère, que je connaissais très bien pour avoir été avec lui en prison, le poussa certainement à abandonner la partie. S'ajoutait à cela que Khomeiny essayait par tous les moyens de dégager la place qu'il voulait occuper ; il faisait des offres alléchantes à tous, il m'en fit même à moi. Encore à Neauphle, il se répandait en compliments à mon sujet, m'attribuant toutes les qualités : intelligence, savoir-faire, intégrité, racines profondes dans le pays, et disant à qui pouvait l'entendre et le transmettre : « Je n'ai rien contre Bakhtiar. » Quand il comprit que je ne me retirerais pas en sa faveur, son langage changea du tout au tout.

Vaziri vécut, par la suite, caché pendant quatre à cinq mois, puis il se présenta de lui-même à la prison de Téhéran où il se trouve encore à l'heure où j'écris. Tous les autres membres de mon cabinet vivent libres, le destin semblant avoir voulu donner une prime à l'intrépidité. Je précise que je ne jette pas la pierre à un homme qui a quand même collaboré pour une partie du chemin ; il avait fait un pas en avant, alors que l'atmosphère n'était pas à la facilité.

Au conseil des ministres qui suivit — nous étions assis autour d'une grande table ovale — je fis la déclaration suivante :

— Messieurs, il y a dans notre entreprise des risques. Vous pouvez partir, vous pouvez démissionner, je le comprendrai, vous ne perdrez pas mon amitié. Pour ma part, je resterai ; même si je suis seul, je poursuivrai ma tâche. La Constitution me donne la possibilité de travailler avec les directeurs des ministères. Je puis former par la suite deux, trois gouvernements.

Il fallait éviter que l'affaire ne se transforme en hémorragie. Nous fîmes un tour de table, tous me confirmèrent leur soutien.

Le lendemain, je convoquai les députés. Il en vint 180 sur 220 ; je leur tins le langage de la fermeté :

— Vous n'ignorez pas les menaces qui pèsent sur les institutions de notre pays. Je suis ici pour exécuter la Constitution et assurer l'autorité de l'Etat, quelles que soient les circonstances. Pour m'en empêcher, vous avez un moyen : me mettre en minorité. Si cela arrivait, sachez que je dissoudrai le madjless et que j'organiserai, le jour le plus favorable, de nouvelles élections.

J'attendis une intervention, il n'y en eut pas. Je savais que je restais maître du jeu.

Puisque j'évoque mon comportement politique, il est utile, je crois, que je donne à mon sujet quelques précisions qui manquent aux lecteurs des pays occidentaux. Je ne suis pas un libéral, tant s'en faut. Je ne suis pas un libéral au sens où l'entendait Giscard d'Estaing. La raison en est simple : dans un pays comme la France, on peut s'offrir le luxe d'être libéral ; en Iran, on n'en a pas le droit. La majorité du peuple vit dans la misère. Tout en rejetant l'illusion communiste, un réformateur doit se situer plus à gauche.

Il serait erroné cependant d'en conclure que je ne suis pas un homme d'ordre. Dans le pays en état permanent de grève tel que l'avait laissé le général Azhari, la vie quotidienne n'était plus que manifestations, slogans, foules hurlantes. Mais ce n'est pas avec des slogans et des défilés que l'on redresse un pays. Mon prédécesseur payait ceux qui manifestaient contre lui. J'ai, dès le début, fait cesser cette pratique. Au bout d'un ou deux mois, je le dis d'une façon certaine, la situation serait redevenue normale.

Il existe un principe parfaitement socialiste : « Un travail, un salaire ». Quinze jours avant mon départ, j'ai dicté une circulaire dans ce sens ; elle comprenait même cette disposition : « Toute personne ayant plus d'un quart d'heure de retard à son travail par semaine, ne sera rémunérée que proportionnellement à son temps de présence. » On savait que je ne plaisantais pas. Il fallait remettre, par des mesures autoritaires, le pays au travail.

Quand, un peu plus tard, un journaliste de télévision m'a demandé en France :

— Auriez-vous préféré être le premier premier ministre de Khomeiny, plutôt que le dernier premier ministre du Chah ?

Je lui ai répondu :

— Certainement pas le premier ministre de Khomeiny !

4.

Si Khomeiny pouvait
ne pas quitter la Lune !

La situation aurait été trop simple si elle s'était résumée dans la victoire d'une opposition qui, après maints combats, arrive au pouvoir. Cette opposition en tant que telle n'existait plus, elle avait éclaté en morceaux disparates qui cherchaient un manche, en factions hagardes avides de se raccrocher à la force nouvellement apparue. J'avais remplacé le Chah en tant que cible, comme si l'ennemi n'était pas tel ou tel système que nous réprouvions, mais la personne qui détient le commandement. La clique Bazargan, la clique Sandjabi surtout, se mirent dès les premiers jours à crier : « Trahison ! ». Je n'arrive pas à voir de quelle trahison ils voulaient parler. Pendant vingt-cinq ans, nous avions dit : « Nous voulons ceci, nous voulons cela » et quand on nous le donnait, nous n'étions pas satisfaits encore et nous criions : « Trahison ! » parce que l'un de nous se montrait logique et acceptait le marché. C'était ridicule. Le 8 janvier le Front national décrétait une journée de deuil national pour protester contre la formation de mon gouvernement. La journée se solda par plusieurs morts.

La mise en place des institutions se poursuivait ; conformément à l'article 2 de la Constitution, je demandai au roi, puisqu'il allait partir, de former un Conseil royal, qu'on appelle aussi Conseil de la Couronne. Cet organisme comprend sept membres, parmi lesquels le premier ministre, le président de l'Assemblée nationale, le président du Sénat, le chef d'état-major de l'Armée. Je proposai au roi, qui l'accepta, d'y nommer aussi Tehrani, pour la seule raison

144

qu'il était un ami de longue date de Khomeiny. Quand ce dernier avait été arrêté en juin 1963, il avait fait de nombreuses démarches pour qu'il soit libéré. J'exprimai clairement pourquoi je souhaitais sa participation. Une fois que le roi aurait quitté l'Iran, toute la question était de savoir ce que voulait Khomeiny ; pour moi la réponse semblait presque évidente : il voulait se mettre à la place du roi, à la simple différence que le turban lui tiendrait lieu de couronne.

C'est sur ma demande que ce M. Tehrani, un vieillard de quatre-vingt-trois ou quatre-vingt-cinq ans, s'est rendu à Paris ou plus précisément à Neauphle-le-Château. Lui qui avait la possibilité de se faire écouter montrerait que le trône n'était pas vacant, qu'un khomeyniste même faisait partie du Conseil destiné à représenter le souverain.

Eh bien, il en alla de lui comme de tous ceux qui approchaient le mollah, semblable à la flamme où les papillons se brûlent les ailes. Sa volonté n'était pas assez forte pour se mesurer à celle de Khomeiny, qui lui fit dire par ses lieutenants :

— Si vous voulez entrer ici, démettez-vous d'abord de votre charge au Conseil royal.

Les services passés ne pesaient plus rien, chez Khomeiny on n'entrait qu'en rampant. Tehrani se démit, signa tout ce qu'on voulut comme l'avait fait Sandjabi, comme le feraient tant d'autres.

Le premier conseil se tint le 13 janvier, devant le roi. Après quoi je dis à Sa Majesté :

— Sire, je vous demande une faveur, c'est de faire venir les représentants des Forces armées et leur réaffirmer en ma présence qu'ils dépendent du gouvernement et du gouvernement seul. Je vais donner des ordres et j'entends être obéi, puisque vous m'avez investi et que j'ai la confiance du Parlement. Ce Parlement ne vaut pas grand-chose, mais il ne reste que trois mois de législature à parcourir ; autant le garder jusqu'au bout tel qu'il est pour éviter d'ébranler la Constitution. Quand le calme sera revenu, nous ferons de nouvelles élections ; alors ils me confirmeront dans ma charge ou bien ils ne me confirmeront pas et je m'en irai.

Je tenais d'autant plus à cette démonstration qu'il avait nommé chef d'état-major, sans me consulter, le général d'armée Ghara-Baghi, qui devait se montrer si peu royaliste et si peu constitutionnel le 12 février, le jour où l'armée abandonna le terrain à l'ayatollah. Il me répondit :

— Quand voulez-vous que cela ait lieu ?

— Demain ou après-demain.

C'était un après-midi. Il convoqua cinq généraux, le chef de l'état-major général, les commandants en chef de l'armée de terre, de la marine et de l'aviation et le chef aussi de l'industrie militaire, un général à cinq étoiles. Il leur tint le discours suivant :

— M. Bakhtiar a accepté de former un cabinet dans des circonstances que vous savez tous difficiles. Comme j'ai pris la décision de partir pour l'étranger, vous devez savoir que c'est de lui que vous dépendez. S'il se pose un problème relevant de ma propre compétence, il a la possibilité de réunir le Conseil royal, qui me posera la question et qui vous communiquera la réponse. Mais pour toutes les affaires relevant du gouvernement, c'est M. Bakhtiar qui décide.

Il me fit rester après le départ des militaires ; je vis qu'il prenait à la dérobée des capsules dans un petit drageoir.

— Maintenant, monsieur le Premier Ministre, est-ce que nous pouvons aller nous reposer deux ou trois jours aux alentours de Téhéran ? Je sais que vous êtes là et que vous ne céderez pas.

Je lui répondis que si j'avais été homme à céder, je n'aurais pas accepté ce poste.

— Si vous avez quelque chose d'urgent à me transmettre, vous aurez toujours la faculté de le faire. Il y a des communications en place pour que nous puissions rester en contact.

Il est parti avec la reine. Quand je l'ai rencontré à son retour, il avait l'air rajeuni et tout à fait détendu. Il m'a dit :

— Jamais, depuis deux ans, je ne m'étais reposé ainsi.

Bientôt allait sonner l'heure d'une absence plus prolongée. Ce départ me semblait indispensable ; on pouvait le justifier en évoquant l'état de santé du souverain, dont il avait fait part publiquement au début de janvier : « Les difficultés que connaît actuellement l'Iran m'ont certainement fatigué, j'ai besoin de me reposer. Si ce repos est pris à l'étranger... »

Si j'avais eu l'assurance d'une probabilité, si infime fût-elle, qu'il respecte la Constitution, je m'y serais opposé coûte que coûte. Si j'avais eu la certitude, quand je soupçonnai la gravité de son mal, qu'il se démettrait en faveur de son fils, je n'aurais pas eu de problèmes de ce côté-là. Les institutions se seraient stabilisées et peut-être qu'au bout de deux, trois ou quatre ans, j'aurais pu moi-même m'en aller. L'Iran aurait vécu sous un régime de monarchie constitutionnelle, avec un souverain qui l'aurait respecté. Mohammad Reza Chah, lui, ne s'y serait jamais résigné. Je savais que je ne pouvais lui faire confiance. Hélas ! Je l'aurais pourtant voulu.

La malice du destin m'a fait vivre tout le mois de janvier entre un départ et une arrivée, un départ que je désirais à mon corps défendant et une arrivée que je redoutais de toutes les façons. Le loup annonçait qu'il était prêt à sortir du bois, un loup qu'il était également dangereux de laisser entrer ou de tuer. Je craignais alors les émeutes qui pouvaient éclater à l'aéroport et qui auraient mis sa vie en danger ; c'est une responsabilité qu'en aucun cas je ne voulais endosser.

Khomeiny, ils l'avaient vu dans la lune. C'était un être surnaturel, une légende, quelque chose comme Jupiter dans le ciel. Moi je savais que c'était un homme immonde ; ses écrits, ses agissements n'avaient rien que d'ignoble, mais s'il lui était arrivé malheur, quelle catastrophe ! En Iran, les naïfs croient en un mahdi qui doit revenir un jour ou l'autre. Ils l'attendent depuis mille ans. Même le roi, dans son livre *My Mission for my country,* parle de lui, il le montre debout, « standing », prêt à venir.

L'arrivée du mahdi, parent du Prophète, est mon dernier souci, il n'en était pas de même de celle de l'affreux mollah. S'il avait terminé son existence dans des conditions dramatiques au moment de toucher le sol d'Iran, lui qui était censé faire régner la justice, l'ordre, l'amitié, on aurait crié : « C'est ce maudit de Bakhtiar qui nous a tué notre iman ! »

J'aurais été l'homme le plus cruel de l'Histoire, celui qui a fait rater la descente du sauveur.

Si une pareille disgrâce devait se produire, le plus tard serait le mieux. Aussi envoyai-je à Khomeiny une lettre aux termes pleins d'égards pour lui demander de remettre à plus tard son retour en Iran. Puis je convoquai l'ambassadeur de France à la Présidence du Conseil et je lui dis :

— Monsieur l'ambassadeur, veuillez, aussitôt après m'avoir quitté, prendre contact avec le Quai d'Orsay et demander à votre ministre (c'était alors le fameux François-Poncet) d'obtenir ceci de M. Giscard d'Estaing : qu'il fasse le nécessaire pour que le citoyen Khomeiny profite le plus longtemps possible de la campagne d'Ile-de-France. Vous me connaissez, vous savez mes sentiments, inutile de vous expliquer davantage.

Il rentra aussitôt à son ambassade, il s'acquitta de sa mission et quelques heures plus tard, nous reçûmes la réponse de l'Elysée. Giscard d'Estaing avait transmis notre souhait, Khomeiny n'était pas d'accord pour retarder son voyage.

Le roi m'avait dit, au moment de mon investiture :

— Qu'est-ce que vous allez faire de Khomeiny ?

— Sire, M. Khomeiny viendra probablement en Iran. Je tâcherai de composer avec lui dans le cadre de la Constitution. Je n'ai rien contre lui personnellement ; s'il est raisonnable, tout se passera bien. S'il dit des sottises, s'il veut me causer des ennuis, je lui dirai : Monsieur, enlevez votre turban, mettez une cravate et venez dans l'arène politique, nous allons nous battre loyalement. Mais vous ne pouvez jouir de l'immunité d'un mollah et en même temps faire de la politique dans le sens le plus bas du mot, inciter les gens au meurtre, soulever le peuple.

La même question me fut posée par des journalistes au cours d'une conférence de presse ; il y avait là cent cinquante correspondants étrangers qui reprenaient sans cesse la même antienne :

— Et s'il vient... Et s'il institue un pouvoir parallèle... Et si, et si...

L'un d'eux m'a tant harcelé que j'ai fini par lui dire

(cette phrase a été reproduite dans la presse, on peut la lire entre autres dans *Paris-Match*) :

— Ecoutez, monsieur, si toutes ces mesures, si tous ces remèdes échouent, ne réussissent pas à le guérir, alors, je lui dirai : merde !

Ce mot veut dire « chienlit », mais avec plus de clarté.

5.

Les adieux du Roi

L'hélicoptère n'avait pas besoin de plus de quelques minutes pour me transporter du madjless à l'aéroport. Le temps de repasser dans mon esprit cette séance où une fois de plus je venais de l'emporter à une forte majorité. Je ne pouvais m'habituer à la platitude de ces gens devenus subitement des démocrates, des nationalistes, des progressistes, alors qu'ils avaient tous jusqu'au dernier été placés où ils étaient par la Savak. Et je les entendais me dire :

— Ah, monsieur ! Vous ne pouvez savoir le mal que la Savak a fait au pays. C'est horrible !

Ils votaient des deux mains la suppression de la Savak dont ils avaient été les fidèles mandataires, qui les avait nourris. Plus tard, émigrés à Paris, certains d'entre eux se feront passer pour des chefs de l'opposition. Quelle opposition ? Opposition à qui ? A Khomeiny ? Au Chah ? Plusieurs répondront : « Aux deux ! » Ils n'ont jamais été contre rien, ils étaient « du côté du manche ». L'impudence existe dans tous les pays, mais je dois reconnaître que les Iraniens y réussissent mieux que quiconque et que le sens de la justice leur fait grandement défaut. C'est ce qui me fait le plus souffrir chez mes compatriotes.

L'appareil se posa sur la piste, non loin de l'endroit où le roi, vêtu d'un manteau bleu marine, se tenait debout au milieu d'un groupe de civils et de militaires. La reine était à ses côtés. Le moment du départ pour l'exil, dont nous ne savions pas encore qu'il serait définitif, était arrivé. Lorsque je l'eus salué, il me dit :

— Je vous ai attendu vingt minutes.

— Excusez-moi, sire, j'étais au Parlement, attendant le vote de confiance.

Il me comprit à mi-mot. Avec les énergumènes qu'il avait fait élire à la Chambre, j'avais tenu à suivre le scrutin jusqu'au bout et n'étais parti qu'après la proclamation des résultats. J'avais aussi insisté pour que le Chah ne quitte pas le sol iranien tant que le vote n'aurait pas été acquis. Je dois reconnaître aussi que, pour le cas où j'aurais été mis en minorité, le décret de dissolution était tout prêt dans ma poche ; ces messieurs, j'avais intérêt à les tenir en main.

— Vous avez une majorité des trois quarts, c'est très bien. Vous avez bien fait d'attendre ; je ne suis lié par aucun horaire, mon pilote n'en est pas à quelques instants.

Il m'entraîna alors dans une petite pièce du pavillon royal, où nous restâmes quelque temps avec la reine. Il était assez calme, très digne.

— Que pensez-vous faire au sujet des gouvernements militaires régionaux ?

— Ils seront supprimés l'un après l'autre. Je terminerai par Téhéran.

— Choisirez-vous des civils ou des militaires comme gouverneurs généraux ?

— Ma préférence va aux civils, Sire, pourtant, s'il y a des militaires en retraite jouissant d'une bonne réputation, pourquoi ne pas les utiliser également ?

La reine intervint pour dire :

— Bakhtiar fait un sacrifice, il faut avoir confiance en lui.

Elle était triste. Nous traitâmes quelques autres sujets puis elle me demanda quelques passeports pour des personnes n'ayant jamais été inculpées ; je notai les noms et lui promis de les leur donner. Un peu gênée, elle m'en cita quelques-uns de plus, mais qui correspondaient, cette fois, à des personnages ayant été impliqués dans des affaires douteuses. Elle intercédait par exemple pour le procureur militaire qui avait jugé Mossadegh, je refusai poliment. Quel scandale si j'avais favorisé ces gens-là !

En sortant du pavillon, il s'est approché des personnes

venues lui faire leurs adieux. Des militaires, généraux, colonels, des agents de sa protection, des proches qui, pour certains, étaient depuis plus de trente ans à son service, se jetaient à ses pieds, prenaient ses mains. Il était bouleversé, il pleurait. On est toujours pour quelqu'un le meilleur des rois. Nous n'étions pas plus d'une soixantaine à lui rendre un ultime hommage. Contrairement à ce que raconte dans son livre Edouard Sablier, il n'y eut aucune cérémonie officielle, cela s'est déroulé de la façon la plus simple.

Je l'ai accompagné au bas de la passerelle ; la reine avait déjà pris place dans l'appareil. Il a serré des mains, il est monté. Quelques minutes après, il a demandé à me voir. J'ai dû écarter les gens pour grimper dans l'avion. Il était installé aux commandes, il voulait piloter lui-même. A côté de lui, debout, se tenait le commandant de bord, un pilote de notoriété internationale.

Le roi lui demanda de nous laisser seuls. Je m'assis près de lui et dis :

— Majesté, je n'ai pas posé en bas la question de votre destination. Je ne sais pas exactement où vous allez. Pourriez-vous m'indiquer la première étape de votre voyage, pour le cas où je souhaiterais vous joindre ?

— Eh bien, nous irons chez Sadate. Je me reposerai quelques jours. Certainement pas au Caire. Ailleurs, à Assouan.

Puis, comme un maître de maison partant en pèlerinage et cherchant s'il a bien fait toutes les recommandations, il me posa une nouvelle question :

— Qu'allez-vous faire pour le budget de la Marine ? Je sais que vous ne souhaitez pas que l'Iran soit le gendarme du golfe Persique, mais il faut garder intacte notre flotte.

— Nous moderniserons chaque fois que cela sera nécessaire. Je ne suis pas contre cela ; l'armée, la marine doivent être toujours prêtes au combat. Cependant, je m'oppose à certaines dépenses exorbitantes que l'on ferait au nom d'une politique expansionniste, ce qui n'enrichit que certains fournisseurs.

— Vous songez bien quand même à intensifier la lutte contre la contrebande dans le Golfe ?

Sur ce point, j'étais entièrement d'accord. L'argent procuré par le pétrole repartait aussitôt après être entré. Nous avions plus de Hovercraft pour combattre la contrebande que n'en possédaient les Etats-Unis eux-mêmes.

J'ai pris congé, je suis redescendu. Quand l'avion eut quitté la piste, j'ai repris mon hélicoptère pour la Présidence du Conseil. Je me sentais plus tranquille, j'avais les mains libres pour diriger le pays et ce départ pouvait faire baisser la fièvre paroxystique qui avait saisi l'Iran. Je comptais maintenant miser sur le patriotisme de mes compatriotes.

Mais il était beaucoup trop tard. Quelques mois avant, l'exil du roi n'aurait pas été nécessaire et j'aurais été en mesure de redresser la situation. La Chahbanou était de cet avis. Lorsque j'irai la voir au Caire, vers la fin, elle me dira :

— Si vous aviez été nommé premier ministre trois mois plus tôt, nous serions tous à Téhéran.

6.

Carter : la bonne volonté d'un homme sans volonté

Lorsqu'un fléau menace — et celui-ci était une véritable malédiction divine — on ne saurait se plaindre du sort tant qu'on n'a pas tout essayé pour le conjurer. L'idée me vint que l'histoire pourrait me condamner si je ne prenais pas une initiative à l'endroit de Khomeiny : « Pourquoi n'a-t-il pas tenté de le rencontrer personnellement ? Pourquoi n'a-t-il pas tenté de lui parler en tête à tête ?

J'ai alors interrogé Bazargan pour savoir ce qu'il en pensait, sa réponse a été la suivante :

— C'est une idée excellente, mais comment la réaliser ? Il va se demander quel piège cache notre démarche.

— Il suffit de préparer convenablement la chose.

— Il fera comme pour Sandjabi : « Signez d'abord, vous serez reçu ensuite. » Il exigera que vous donniez votre démission avant d'entrebâiller sa porte.

— Nous allons rédiger en conséquence le message que je lui enverrai. Pas question, évidemment, que je souscrive à une condition de ce genre, enlevons-lui la possibilité de la formuler.

Nous avons travaillé un vendredi, jour de congé musulman, sur une dizaine de lignes, que j'ai rédigées, que Bazargan a modifiées et remodifiées. Le texte, qui existe encore, commençait par ces mots :

« Moi, Chapour Bakhtiar... » Je rappelais ensuite mon action jusqu'à mon accession à ce poste, puis je lui proposais très respectueusement de venir à Paris et de discuter avec lui d'homme à homme de questions extrêmement graves pour

154

l'avenir du pays et même du monde islamique. D'homme à homme, c'est-à-dire en faisant abstraction, moi de ma qualité de chef de gouvernement, lui de sa qualité de dignitaire religieux. Je pouvais être auprès de lui dans les quarante-huit heures et serais heureux d'entendre les propositions qu'il pourrait me faire dans l'intérêt du peuple iranien.

— Voilà, il n'y a rien à ajouter. Je suis certain que le vieux roublard va accepter. Il ne peut faire autrement que d'accepter.

On a donc communiqué le texte à Khomeiny par téléphone et *il a accepté*. L'Histoire doit consigner ce fait, si elle est écrite avec objectivité, car il servira à établir les responsabilités. Le secrétariat de Khomeiny m'a fait part officiellement de son accord. Autour de moi, les uns étaient favorables à cette rencontre, les autres non. Bazargan faisait partie des premiers, il espérait qu'une explication franche désamorcerait la situation et savait d'autre part que j'avais réservé cinq postes au sein du gouvernement pour les partisans de Khomeiny. Béhechti était également pour, Yazdi très probablement.

A l'inverse, trois personnes y étaient nettement hostiles. Bani Sadr par raisonnement, je dirai plus loin son rôle dans l'affaire ; Sandjabi et Forouhar par jalousie. Ils se sont dit : « Nous avons déjà perdu Bakhtiar et le système ; si nous perdons aussi sur ce tableau, que restera-t-il de nous ? » Ils ont fini par perdre, et beaucoup plus. Où sont-ils aujourd'hui, dans quelle retraite obscure, d'où ils ne peuvent sortir sans courir le risque d'être abattus ? Le cas de Sandjabi est le plus burlesque : lui qui était allé se prosterner devant le mollah alors qu'on ne lui demandait rien, il refusait maintenant de me voir tenter auprès du même personnage une démarche qui, si elle avait été menée à terme, aurait peut-être apporté un soulagement sensible aux Iraniens.

La grève s'étendait sur tout le pays, il ne partait pas d'avions depuis deux semaines ; seule la Présidence du Conseil avait plusieurs appareils à sa disposition. J'en ai fait apprêter un. Ensuite, j'ai donné l'ordre, en pleine nuit, que l'on me prépare un passeport. Car j'étais dans la position étonnante d'un premier ministre démuni de passeport. Le

Chah m'avait confisqué le mien quand j'étais simple citoyen. On réveilla les gens, on les amena de toute urgence au ministère des Affaires étrangères, on leur fit établir un passeport diplomatique au nom du premier ministre. C'était le premier que j'avais depuis de nombreuses années, le seul que je possède encore actuellement. Les difficultés de la charge peuvent bien être compensées par quelques avantages !

Bazargan avait déjà le sien, il s'inquiéta des visas.

— Cela n'a pas d'importance, on s'arrangera là-bas, on demandera à l'ambassadeur de France de télégraphier. Et si tu ne veux pas venir avec moi voir l'énergumène, nous atterrirons à Nice, tu prendras un avion d'Air-Inter pour Paris pendant que je continuerai. Tu parleras avec lui autant que tu voudras, j'arriverai ensuite.

Nous prenions la situation à bras-le-corps, dans une conjoncture où le temps avait manqué pour mettre au point les détails pratiques. Au matin, je fais venir 50 000 francs de la Banque centrale, afin que le premier ministre d'Iran ne soit pas retrouvé errant dans Paris sans un sou en poche, nous faisons notre valise. La journée est employée à demander des autorisations de survol à plusieurs pays, puis un coup de téléphone arrive de Neauphle-le-Château : Khomeiny se rétracte, il ne veut plus me recevoir.

Qui avait fait tourner le vent ? Bani Sadr a un mérite, il faut bien qu'il en ait un, c'est d'avoir revendiqué avec franchise l'affaire. C'est lui qui a persuadé Khomeiny de changer d'avis en se disant :

— Si Bakhtiar vient et discute seul avec l'ayatollah, de toutes les façons c'est lui le gagnant. Ou bien Khomeiny accepte ses propositions et tout est perdu pour nous. Ou bien il ne les accepte pas, mais il apparaît comme un homme faible, disposé à composer avec un premier ministre nommé par le Chah. Donc il faut s'opposer à ce dialogue.

Dans son intérêt propre, Bani Sadr ne raisonnait pas mal, puisqu'il arriva ainsi au poste qu'il guignait. Malheureusement il n'y demeura pas longtemps.

Pour moi, je n'avais rien perdu. Dans des circonstances

exceptionnelles il convenait de faire un geste exceptionnel. Je devançais ainsi les questions de l'Histoire.

La clique de Bani Sadr, les Salamatian et autres, hurlaient que j'étais un agent de l'Amérique. Slogan payant auprès des masses, mais parfaitement mensonger. Pendant les deux ans qui ont précédé ma présidence, je n'ai jamais rencontré aucun membre de l'ambassade. Je ne les ai rencontrés ni dans une cérémonie ni chez moi. Je n'ai jamais mis les pieds à l'ambassade américaine. J'ai été invité une ou deux fois à l'ambassade de France, à celle d'Union soviétique, à celle de Turquie, à celle d'Irak. Je peux même remarquer au passage que les réceptions les meilleures étaient celles des Russes ; il est resté chez eux certaines traditions. Mais l'ambassade des Etats-Unis je ne sais même pas encore aujourd'hui comment elle est faite.

Je ne puis que m'en féliciter : lorsqu'elle a été saccagée et qu'on a fait sortir les archives, on a trouvé des documents compromettant à peu près tout le monde, mais aucun contre moi. Quelle aubaine pour Khomeiny s'il avait découvert la moindre petite relation avec un diplomate permettant d'étayer ses accusations ! Mais mon nom — et pour cause ! — ne figurait nulle part.

Il fallut donc que j'arrive au pouvoir pour voir l'honorable M. Sullivan, qui fit ma connaissance par la même occasion. C'était une huitaine de jours après la visite protocolaire des ambassadeurs de France et de Grande-Bretagne. Il était habillé assez misérablement, portait aux pieds d'invraisemblables godillots et me fit penser à Charlie Chaplin, à qui il ressemblait extrêmement, mais avec des yeux bleus ; ses cheveux étaient blancs comme neige et touffus.

Selon ce qu'il a écrit dans un livre, m'a-t-on dit, je lui ai donné l'impression d'un gentleman francophile, francophone, bref d'un gentleman français. Je lui ai paru élégant, bien que mon costume de confection n'eût rien d'exceptionnel. Il m'apportait un télégramme de félicitations du président Carter, dans lequel celui-ci m'exprimait très formellement sa joie de voir en Iran un gouvernement civil avec des idées démocratiques et nationalistes. Télégramme que je fis suivre aux Affaires étrangères en disant que l'on prépare une réponse avec ma signature.

Je considérais sans aménité cet homme qui, après avoir eu la grande faiblesse de laisser le Laos dans l'état où il se trouve, a été nommé à Téhéran où pendant deux ans, spectateur mou d'une situation qui se dégradait, il n'avait jamais pris contact avec un opposant, même avec Bazargan. Il allait, venait, ne s'occupait de rien. S'il avait réellement informé Carter de ce qui se passait, malgré toutes ses hésitations ce dernier aurait pu faire quelque chose. Il était avec Cyrus Vance contre Brzezinski et envoyait à Vance des informations apaisantes, pendant que sa Savak à lui, je veux dire la CIA, en diffusait d'inquiétantes. Les choses se sont gâtées sans que cet ambassadeur montre quelque talent pour sonner l'alarme à Washington.

Quelques jours après, il revint me voir. Je lui posai la même question qu'aux ambassadeurs de France et de Grande-Bretagne :

— Combien reste-t-il d'Américains en Iran ? Quelle décision pensez-vous prendre à leur sujet ?

— Ils doivent être aux alentours de sept mille.

— Ceux qui sont utiles, il ne faut pas les renvoyer en Amérique. Mais il faut rapatrier les inutiles.

Cependant le but de sa visite était d'un autre ordre. Il y vint très vite en me demandant si je ne verrais pas un avantage à essayer de composer avec M. Béhechti et d'autres comme Bazargan et Minatchi.

— Est-ce que vous connaissez ces messieurs ?

Si je connaissais Bazargan ? Et comment ! Nous avons même été en prison ensemble, ce qui crée des liens ; il est un des rares que je tutoie. L'ayatollah Mohammad Béhechti, je ne l'avais jamais rencontré, mais j'avais parlé avec lui au téléphone. Comment aurais-je ignoré l'existence de ce Raspoutine, qui n'avait qu'une différence avec son illustre devancier, d'être cultivé et de parler deux langues étrangères, alors que Raspoutine était un être illettré et mal dégrossi ? C'est Béhechti qui organisait à travers les mosquées la propagande de Khomeiny et diffusait les fameuses cassettes.

Mais Minatchi, qu'était ce Minatchi, d'où venait-il, où était-il ? J'ai repensé à la phrase de De Gaulle à qui on avait rapporté, pendant la guerre du Vietnam, que le maréchal Ky avait gravement insulté la France. Le général répondit par une simple question : « Qui est Ky ? » Donc ce Minatchi, je n'avais rien à faire avec lui. Je sus plus tard que c'était un vaurien ayant ses petites entrées à l'Ambassade des Etats-Unis, pour laquelle il servait d'intermédiaire avec Bazargan, comme les documents découverts à la fin de 1979 l'ont montré.

Sullivan m'offrait vraiment de beaux atouts ! Je lui fis une première réponse :

— Je ne vois pas d'inconvénient à rencontrer ces messieurs s'ils sont sur la bonne voie ; avec Bazargan, je suis toujours disposé à discuter. Quant à Bérechti, je le respecterai comme membre du clergé.

Puis je lui dis d'une manière élégante, en utilisant toutes les ressources du langage diplomatique, qu'il eût à s'occuper des choses qui le regardaient. J'avais d'autres chats à fouetter qu'à courir après un Minatchi.

Je n'ai jamais plus revu l'ambassadeur des Etats-Unis. Pendant les six mois précédents, au plus fort de la crise, il s'était fait mettre en congé, alors qu'il aurait fallu qu'il suive les événements heure par heure. Je ne voyais pas en quoi il pût être utile maintenant. Ce poste réclamait un homme actif, fort, clairvoyant, capable de discerner ce qu'il convenait de faire. L'homme de Carter n'était rien de tout cela.

Pendant vingt ans, les Etats-Unis n'avaient jamais pris de contacts sérieux avec l'opposition ni même accepté qu'il en existât une. C'est une de leurs grandes responsabilités. Le roi faisait la besogne, des hommes politiques susceptibles de le déranger dans son action leur semblaient parfaitement incongrus. Tant que le Chah exécutait leurs injonctions, tout allait bien ; quand il ne les écoutait pas, ils se scandalisaient. On a pu entendre ainsi Eisenhower le traiter, dans une conférence de presse, de « têtu » ; qualifier ainsi publiquement un allié est aux limites de la décence.

Carter était à mon avis un homme foncièrement honnête, profondément humain, il faut lui reconnaître ces qualités. Mais la volonté lui faisait défaut au plus haut point, il se montrait incapable de prendre une décision, frappé de paralysie au moment d'agir et faisant volte-face de la façon la plus inattendue. Quand on a une responsabilité aussi grande que celle du Président des Etats-Unis, conduit par la force des choses à s'intéresser au sort du monde dans son ensemble, il n'est pas admissible que l'on change d'avis dix fois par jour.

Il plaça, comme l'on sait, sa présidence sous le signe du respect des Droits de l'homme ; en bonne logique il devait engager le Chah à libéraliser son régime. Mais l'éternel problème se posait : peut-on changer du jour au lendemain ses habitudes ? C'est en y songeant que Carter confia à son entourage :

— Les rapports avec l'Iran ne seront pas très faciles.

Remarque qui sonnait comme un avertissement. Il fit donc pression sur le roi pour l'engager à réaliser cette libéralisation. Attitude ambiguë car dans le même temps, les Américains collaboraient activement avec le régime, par l'intermédiaire des antennes de la CIA, au sein de la Savak.

La libéralisation demandée n'eut pas non plus pour conséquence logique d'établir des contacts entre les USA et l'opposition : ce n'est que peu de jours avant mon accession au pouvoir que j'ai rencontré quelques congressmen et quelques autres Américains. Je n'avais pas d'ailleurs à aller frapper moi-même à leur porte.

Sous des formes différentes, trois sortes de gens manifestaient et contestaient : les mollahs, les communistes et les nationalistes comme moi. Une analyse lucide de la situation s'imposait et cependant l'administration Carter était organisée de telle sorte que les informations parvenaient à la Présidence d'une manière anarchique : Brzezinski adressait son rapport, Vance, le plus lamentable secrétaire d'Etat, rédigeait le sien, Harold Brown, au Pentagone, puis la CIA faisaient de même. Il y avait de quoi faire tourner la tête d'un Président hésitant et velléitaire.

Dans l'autre sens, le désordre était équivalent. Michel Poniatowski raconte que, dans les derniers jours de son régime, le Chah recevait quotidiennement cinq coups de téléphone, cinq avis et cinq approches différentes de la situation : un du Président, un du Conseil de sécurité, un du département d'Etat, un du Pentagone et enfin un de la CIA, sans compter les appels de Rosalyn Carter à l'Impératrice.

On ne peut donc s'étonner du tourbillon de nominations et de décisions, entre la chute de Hoveyda et le ministère Azhari, pour arriver à l'appel fait en fin de compte à un leader nationaliste et démocrate.

7.

Les Soviétiques préféraient
le Chah

Au tout début de janvier, j'ai appris qu'il y avait à Téhéran un général américain du nom de Huyser. Je ne l'ai jamais vu, je n'ai communiqué à aucun moment avec lui, je sais qu'il s'agissait d'un général d'aviation, adjoint du général Alexander Haig, à l'époque commandant suprême des forces de l'OTAN.

Je ne m'en suis pas préoccupé outre mesure. Ce n'était pas un fait exceptionnel, nous avons toujours été amplement approvisionnés en généraux étrangers, particulièrement américains. Les Etats-Unis maintenaient en Iran un formidable appareil de plusieurs milliers de conseillers militaires tous rémunérés sur nos deniers. C'était une charge financière considérable. Le Chah écoutait trop ces conseillers et les Américains en général. Lorsqu'il s'exclamait : « Je ne comprends pas les Américains de se dresser contre moi alors que je fais tout ce qu'ils disent », il s'exprimait, en définitive, d'une façon logique.

Ni lui ni mon chef d'état-major ne me révélèrent la présence de cet homme ; c'était un général de plus, à cette différence qu'il occupait dans la défense occidentale une place éminente. Il appartenait à l'armée de l'air, détail qui à la lumière des événements à venir n'est pas sans importance : c'est l'aviation qui m'a abandonné en premier, quand les militaires ont décidé de tirer leur épingle du jeu.

Ghara-Baghi m'apprit qu'il avait des conversations avec Huyser ; rien d'anormal à cela, ce n'était pas la première fois que l'adjoint de Haig venait en Iran, on le consultait parfois

162

pour l'achat de tel ou tel avion ou sur d'autres sujets d'ordre technique. Sa venue n'avait rien de comparable à celle, par exemple, du commandant en chef du Pacte de Varsovie, à laquelle j'aurais été obligé de chercher une signification lourde de conséquences. La présence de Huyser n'était pas anodine, mais elle faisait partie de ces nœuds de soumission qu'il fallait défaire un à un ; il n'était pas possible de s'en affranchir d'un seul coup. Je demandai :

— Qu'est-ce qu'il vous dit dans ces conversations ?

— Savez-vous qu'il a été reçu par le roi avant son départ ?

— Bon, ce n'est pas étonnant, c'est un général de haut grade, il pouvait être reçu par le roi. Mais moi, je l'ignore. S'il vous dit des choses sensées et qui vont dans le sens de ma politique, écoutez-le. Mais s'il dit des choses qui sortent de sa compétence, refusez de l'écouter. Vous n'êtes pas placé sous ses ordres. S'il insiste, venez me voir.

Huyser, en contact perpétuel avec le chef d'état-major, le chef de la marine, le chef de l'armée de l'air, le commandant de l'armée de terre, ne faisait pas beaucoup de bruit. J'avais pour ma part tant à faire que ses allées et venues formaient le cadet de mes soucis. Si j'avais appris qu'il se trouvait ici en mission secrète, j'aurais dû choisir entre deux attitudes : lui faire quitter le pays immédiatement ou le convoquer pour lui demander ce qu'il avait à me dire. J'avais laissé le soin de me renseigner au chef d'état-major, pour le cas où il y aurait eu du côté du Huyser quelque chose de trouble.

Je pense qu'il n'y avait pas à Washington une politique nette ; tout ce qui était glané par l'ambassadeur William Sullivan, la CIA, d'autres encore et, ces derniers temps, par le général Huyser arrivait sur la table de Carter et se neutralisait ; d'où cet état d'hésitation, de ballottement perpétuel. Les Américains ont essayé à plusieurs reprises, par l'intermédiaire de militaires, d'Iraniens travaillant dans leur ambassade ou par d'autres canaux, de prendre des contacts avec les mollahs. D'autres fois, ils conseillaient à l'armée de se tenir sur sa réserve, ou bien d'avoir la force de résister aux mollahs, tout en laissant l'agitation se développer. Il existait donc une action directe des Etats-Unis sur l'armée, mais elle fut jusqu'au bout incohérente.

Mais enfin je pense que le général Huyser avait pour mission, d'abord, d'empêcher les généraux de faire un coup d'Etat.

Etait-il nécessaire de leur adresser une telle recommandation ? De toute évidence, car ces généraux qui avaient reçu et recevaient du pays tant de choses, étaient incapables de rendre un service à ce pays quand on le leur demandait. Ils l'ont montré le 12 février. Huyser était venu leur dire : que ce soit le gouvernement Bakhtiar, le gouvernement Sandjabi ou le gouvernement Bazargan, pas de coup d'Etat ! Je ne crois pas qu'il ait conseillé à ces généraux félons de déclarer leur neutralité et pris le risque de voir les mollahs envahir l'ambassade des Etats-Unis quelques jours après. Seul un dément pouvait procéder ainsi.

Pourtant il est possible que, constatant la force du courant khomeinyste, il leur ait laissé une alternative : s'il ne vous apparaît pas possible de soutenir le gouvernement Bakhtiar ni celui qui viendra après, dégagez-vous si vous voulez mais gardez votre cohésion, restez une armée prête à servir.

Solution extrême que l'on peut admettre comme proposition d'un général étranger raisonnant dans l'intérêt de son propre pays. Mais elle ne sera pas retenue par nos généraux, qui opteront pour la débandade, laissant les casernes au pillage des voyous venus de tous les horizons pour s'emparer des armes légères et mettre le pays à feu et à sang.

Je sais en tout cas que Sullivan était favorable à l'arrivée des mollahs, tandis que Huyser travaillait pour éviter un coup d'Etat de l'armée. Les documents qui ont été publiés jusqu'à ce jour abondent dans le sens de cette interprétation. Bazargan a-t-il rencontré Huyser ? Je n'en suis pas sûr ; il leur fallait en tout cas une tierce personne, puisque Bazargan ne parle pas l'anglais et que Huyser ne parle pas le français, qui aurait pu être une langue véhiculaire entre eux. Quant à Moghaddam, son rôle est très obscur. Une chose pourtant est sûre : vers la fin, au cours de la semaine cruciale, il penchait nettement en faveur de Bazargan, qui lui avait promis de le maintenir dans son rôle de chef de la Savak. Sur le moment, je ne pouvais pas passer mon temps à savoir ce que Untel disait à Untel, je n'avais pas de sources sûres pour savoir ce qui se tramait de cette façon. Le résultat de la mission Huyser, en tout état de cause, n'a pas été probant et les Américains en ont été pour leurs frais.

Mon arrivée au gouvernement a eu pour autre conséquence, sur le plan de la politique extérieure, de susciter l'ire des Soviétiques. Mise à part la période qui suivit la chute de Mossadegh, les rapports du Chah avec l'URSS avaient toujours été courtois. Le petit différend de la guerre des Six jours n'avait pas eu de suites sérieuses. L'Iran avait reçu la visite de Brejnev, de Kossyguine et de Podgorny. Dans chaque discours, on qualifiait nos frontières communes de « sûres » et d' « amicales ».

Lorsque les mollahs procédèrent à de violentes attaques contre le roi, les Soviétiques s'abstinrent de toute réaction ; il fut impossible de trouver dans la *Pravda* la moindre petite ligne qui en dit long et sur laquelle les kremlinologues procèdent à d'interminables exégèses.

Mais quand fut répandue la nouvelle que le pouvoir serait confié à un leader nationaliste et surtout social-démocrate, ils changèrent d'attitude du jour au lendemain. La formation de mon gouvernement eut pour effet de les exaspérer ; ils nous vilipendèrent sans avoir la décence d'attendre ce que nous allions faire et avec une impudence d'autant plus grande que les réformes que je devais mettre en place correspondaient, du moins en partie, à celles dont le parti Toudeh avait fait son cheval de bataille depuis toujours.

Cet avatar de la politique soviétique m'a rappelé le jour où, dans ma jeunesse, j'avais entendu à la radio que Ribbentrop était allé à Moscou signer un pacte de non-agression. Cette alliance monstrueuse de septembre 1939 entre l'Allemagne hitlérienne et la Russie de Staline m'avait mis hors de moi. Quarante ans plus tard j'étais moins surpris, sachant que la politique de l'URSS est faite de contradictions et de cynisme.

Je n'ignore pas non plus que leurs analyses sont avant tout pragmatiques. Leur colère montrait qu'ils croyaient à la possibilité de mon gouvernement de remettre de l'ordre. Yalta a placé l'Iran dans la zone d'influence occidentale. Toute nouvelle donnée susceptible de déstabiliser cette région du globe — et l'arrivée de Khomeiny en était une pour tout observateur lucide — encourageait leur espoir de la voir revenir au bloc de l'Est. Edward Muskie parlait juste en disant : « Un démembrement de l'Iran ouvrirait la voie à l'extension de l'influence soviétique dans la région du Golfe. » A cet égard, la diplomatie soviétique me prenait plus au sérieux que le département d'Etat.

8.

Pourquoi j'ai laissé Khomeiny revenir en Iran

De la nature de Khomeiny, j'ai dit que je savais tout, ayant seulement sous-estimé son degré de férocité. Le jour vint — c'était le 1ᵉʳ février — où il fit son entrée à Téhéran. La démence s'était emparée de la ville, des foules immenses vociféraient, trépignaient, le « mahdi » était là, grimaçant sous son turban noir. Il me fit l'effet d'un désastre s'abattant sur notre pays.

Mais aucune de ses déclarations ne me glaça plus le cœur que celle que reçut de lui un journaliste italien, l'interrogeant par le truchement de Ghotbzadeh, son interprète. Le journaliste lui ayant demandé :

— Après quinze ans d'absence, qu'éprouvez-vous en revoyant votre patrie ?

L'ayatollah lui fit cette réponse affreuse :

— Rien.

Voilà donc un homme condamné à mort en 1963, grâcié grâce à l'intercession, parmi d'autres, de Pakravan, envoyé en exil en Turquie puis en Irak avant de passer quelques mois en France et qui, à quatre-vingts ans, remettant le pied sur le sol de l'Iran, n'éprouve aucune impression, aucun attendrissement. « Rien » ! Quel cœur sec, quel barbare !

On pourrait penser à un défi, à une émotion rentrée, voire à un bon mot destiné à la presse. Ne parlons pas de bon mot : Khomeiny est incapable du plus léger humour. Mais ce qui est plus grave, c'est qu'il est aussi inaccessible à l'émotion, au plus petit sentiment. De cela on peut être certain : il l'a suffisamment montré.

Le Chah, son ennemi juré, avait eu de la pitié pour lui en 1963 et aujourd'hui encore les choses étaient telles que nous avions jeté dans l'aventure toutes les forces de sécurité dont nous disposions pour garantir sa vie. Cet être inhumain et malfaisant bénéficiait de protections inouïes, alors qu'il ne venait que pour semer la désolation.

On m'a reproché de l'avoir laissé rentrer en Iran. Pouvais-je m'y opposer? Je dois préciser d'abord que son retour, quoiqu'il ne figurât pas sur mon programme, bien entendu, était une des demandes des niais qui aujourd'hui sont contraints de le subir. D'autre part, je professais depuis longtemps que tout Iranien a le droit d'entrer en Iran sans autorisation du gouvernement. C'est une thèse que je soutenais et dont je ne démords pas, elle est conforme au droit naturel; je n'admets pas, par exemple, qu'en URSS les dissidents soient privés de leur citoyenneté soviétique. Qu'on les punisse, c'est autre chose, c'est un autre dossier à discuter, mais leur citoyenneté leur appartient de droit. On peut et on doit, si c'est nécessaire, expulser un étranger indésirable; le citoyen est chez lui dans son pays, quoi qu'il fasse.

A cet égard on a entendu dire que Khomeiny n'était pas iranien, que sa nationalité pouvait être contestée. C'est une erreur. Son père était iranien et sa mère une paysanne de chez nous. Si l'on remonte les générations, on trouve que ses aïeux venaient du Cachemire : c'est un descendant d'immigrés, comme il y en a beaucoup dans tous les pays.

La légende s'est emparée du personnage, dont on a voulu faire le fils d'un opposant exécuté sur l'ordre de Reza Chah. Il n'y a rien d'exact dans ce fait : le père de Khomeiny est mort quelque vingt ans avant l'accession au trône de la dynastie Pahlavi. Il n'a pas été exécuté, mais tué de trois coups de fusils par un truand qui convoitait sa femme. Cela se passait dans le village où ils vivaient à ce moment-là, car il semble qu'ils aient longtemps été de lieu en lieu à dos d'âne. L'assassin, un fier-à-bras se plaisant à terroriser les petites gens, fut arrêté, jugé et mis à mort. Conformément non à la loi islamique mais à la loi civile. Sous Khomeiny, peut-on s'attendre à cette forme de justice?

168

Ma position était par conséquent la suivante : le mollah, Iranien sans doute possible, peut rentrer en Iran mais, s'il se conduit mal, il sera jugé par le tribunal compétent, avec toutes les garanties prévues par la loi ; il subira sa peine comme tout autre citoyen.

Mon tort a été de raisonner de façon cartésienne, alors que l'on entrait dans une ère de folie, d'incohérence, de mépris du droit le plus élémentaire.

Devant un péril comme celui-là, je pouvais certes faire une entorse à un principe qui m'était cher et refouler cet énergumène. Mais encore fallait-il qu'il se fût manifesté par des actes. Il n'était même pas possible de le juger sur ses intentions, car les intentions qu'il exprimait étaient de faire régner la liberté, d'apporter le bonheur au peuple.

Quelle raison juridique pouvais-je avancer ? Pour le peuple, le revenant mettait fin à vingt-cinq ans de dictature, il apportait au surplus sa bénédiction, ce qui présente un certain attrait pour des gens marqués par l'Islam. Mais surtout, dans le contexte oriental qui est le nôtre, il apparaissait comme un être surnaturel. Lorsqu'il commença à soulever la populace, je n'avais même plus la possibilité de le faire arrêter, un puissant courant le portait, le mal était fait.

Un mal contre lequel j'avais pourtant prévenu mes concitoyens, à la radio-télévision aussi bien qu'en m'adressant aux journalistes. J'avais dit que cet homme était un monstre, qu'il était porteur des pires calamités. Un reproche ne peut m'être fait : c'est de ne pas avoir procédé à toutes les mises en garde possibles.

Khomeiny a-t-il, comme on l'a dit, des accointances avec l'Intelligence Service ? Il me suffira de remarquer qu'il appartient aux Frères musulmans, c'est-à-dire à l'engeance la plus détestable que la terre ait jamais portée. Or les Frères musulmans ont des liens profonds et anciens avec les Anglais. Des documents l'établissent. Depuis cent cinquante ans, les Anglais ont toujours eu des intelligences avec les mollahs d'une manière générale et singulièrement avec les Frères musulmans. Chaque fois qu'ils ont fomenté une intrigue politique, un coup d'Etat, c'est avec eux. Frères musulmans et Anglais ont agi ensemble contre Nasser et l'Egypte, contre le roi d'Iran, contre Hussein, contre Sadate. Partout le phénomène se répète. Khomeiny était en rapport avec l'Intelligence Service au moins par le biais des Frères musulmans.

Et l'Intelligence Service a servi les intérêts de Khomeiny. La partie la plus visible de l'iceberg est l'aide que lui a donnée la BBC. Celle-ci constitue un moyen de propagande des plus efficaces en Iran et d'abord parce qu'on l'entend bien, contrairement à la radio française, que l'on n'entend jamais. J'ai demandé à l'ambassadeur de France, lorsqu'il est venu me voir : « Pourquoi n'avons-nous qu'une demi-heure d'émission en provenance de votre pays ? On arrive d'ailleurs difficilement à la capter. La même constatation peut être faite en Afghanistan. Il y a pourtant ici cinquante millions d'âmes ! La France s'intéresse à un tas de pays d'Afrique et d'Asie, elle soutient partout dans le monde les grandes causes. Ne pourriez-vous pas vous intéresser un peu plus à l'Iran ? »

La BBC jouit d'un grand crédit pour plusieurs raisons. Pendant la dernière guerre, elle diffusait des informations qui se révélaient exactes. Puis, dans la mentalité de beaucoup d'Iraniens subsiste l'idée, transmise de génération en génération, d'une puissance maritime de premier ordre telle qu'elle existait à l'époque victorienne, d'une force tranquille dans laquelle on a confiance. On dit : « les Anglais sont des gens sensés, qui ne parlent pas pour ne rien dire » ; ce qui vient de Washington ou de Moscou reste sujet à caution, mais la source britannique est donnée comme une garantie.

Mes années d'opposition m'ont suffisamment averti de ces choses. Lorsque j'étais membre du Comité exécutif du Front national, je constatais à quel point la BBC régnait sur le Bazar, ce fameux Bazar si odieux à bien des points de vue, qu'elle manipulait à sa guise. Chargé de transmettre les décisions aux bazaris appartenant à notre organisation, il m'est arrivé plus d'une fois d'entendre un de ceux-ci me dire :

— Monsieur, j'ai écouté la BBC. Il paraît qu'après-demain le Bazar sera fermé.

170

A quoi j'étais obligé de répondre :

— Eh bien, vous savez des choses que j'ignore, parce que voyez-vous, le Comité n'a pas encore pris de décision à ce sujet. La date des manifestations, c'est moi qui dois vous la communiquer.

Il pouvait y avoir une grève dont aucun parti n'avait donné l'ordre, qui en définitive avait été décidée à Londres par un speaker un peu trop imaginatif, parce que la voix de Londres représentait l'ultime référence, la Loi et les Prophètes.

La BBC, pour servir les intérêts de son pays, en appliquer la politique, soutenait Khomeiny bien avant son arrivée en Iran et même en France. Il en est de l'Angleterre comme de la France et de tous les pays où les moyens audio-visuels sont financés par l'Etat : la BBC n'est pas, quoi qu'en disent les Anglais, « indépendant completly from our government ». C'est pourquoi, rien qu'en voyant le comportement de la BBC, on peut dire que la politique anglaise, d'une façon indubitable, était favorable à Khomeiny.

N'ayant pu retenir l'homme en dehors de nos frontières, ne pouvant le faire jeter en prison pour l'empêcher de nuire, je tâchai de trouver une solution et rencontrai des amis acquis à divers degrés à la cause de l'imam. Bazargan me semblait utile à voir, parce qu'il n'était pas aussi versatile que Sandjabi et que, dévôt, il pouvait m'aider. Un élément militait aussi en ce sens : la familiarité que nous avons ensemble pour nos combats anciens et la répression subie en commun dans les geôles du Chah.

L'entrevue devait revêtir la plus grande discrétion ; aussi demandai-je à l'ancien recteur de l'université de Téhéran, le docteur Siyassi, de nous recevoir chez lui. Ce monsieur est aujourd'hui en France, je puis donc le nommer sans craindre de lui attirer les foudres du Jupiter islamique et le remercier par la même occasion. Nous discutâmes pendant une heure et demie et, aux thèses que je développais, il répondait invariablement par ces mots :

— Ce que tu dis est juste.

Pourquoi dès lors ne pas nous accorder sur une conduite à tenir ? Mais si, sur le plan des principes, la conversation entre nous se déroulait sans heurt, les renseignements que je possédais nous montraient peu accordés dans l'action :

— J'ai entendu dire qu'il pensait te nommer président du Conseil. Es-tu sûr de pouvoir travailler avec lui ?

— Ce ne sera pas facile, il ne raisonne pas comme toi et moi.

— Nous non plus ne raisonnons pas de la même façon, mais il y a moyen de s'entendre sur un certain nombre de points.

— Certes, mais la tâche restera difficile, surtout dans cette atmosphère d'exaltation.

Il fallait en conclure que la collaboration entre eux ne représentait pas une solution idéale, mais que malgré tout il préférait travailler avec Khomeiny qu'avec moi. Pourquoi cela ? En poussant un peu plus l'échange de vues, je compris que Bazargan s'était bâti le rêve suivant : « Khomeiny est à Téhéran, mais dans quelques jours il s'en ira à Qom et laissera la place libre, reprenant ses occupations religieuses pendant que moi, Bazargan, je gouvernerai ; ce n'est pas le moment de prendre le train de Bakhtiar où je serais, au mieux, le mécanicien en second. »

Il n'était pas le seul, le malheureux, à avoir fait ce calcul. Mais l'avenir n'était pas écrit dans la tête de Bazargan : Khomeiny n'est pas devenu ermite, il est allé à Qom, puis il est revenu à Téhéran, et il y restera jusqu'à sa mort, si Allah n'y met pas bon ordre.

Deux jours après, il nommait Bazargan premier ministre. Nous étions nécessairement un de trop. J'étais au Sénat quand la nouvelle me fut communiquée. Un gouvernement apocryphe se juxtaposait au gouvernement légal. Je dois reconnaître que je ressentis cet événement avec la même sérénité que l'on voit le dimanche funèbre succéder au samedi.

Bazargan m'avait déclaré au sujet de son maître :

— Quel animal féroce est cet homme !

Et pourtant il acceptait de devenir son premier ministre. Trois jours plus tôt, j'avais fait une déclaration selon laquelle un pays n'a qu'un gouvernement, précision qui aurait bien étonné Montesquieu, mais le tumulte dans lequel nous vivions rendait nécessaire le rappel des vérités premières.

Je donnai l'ordre aux militaires d'arrêter immédiatement tout ministre du prétendu cabinet dont ils auraient connaissance. Je fis dire à Bazargan que je n'étais pas homme à céder : je dissoudrais s'il le fallait le parlement pour organiser des élections libres. Si je n'obtenais pas la majorité, eh bien je n'en aurais pas fait une histoire, j'aurais assuré dans le calme le transfert du pouvoir.

Car ce qui caractérise pour moi un chef d'Etat, ce n'est pas le fait qu'il soit meilleur qu'un autre ; c'est qu'il sache, dans n'importe quelles circonstances et surtout si elles sont difficiles, garder une parfaite tranquillité d'âme. Si c'était ma seule qualité, j'étais décidé à la revendiquer.

9.

Les faux-semblants
de l'ayatollah

Il convient ici de préciser un concept, celui de « révolution », lorsqu'on l'applique à Khomeiny. Celui-ci n'a jamais pensé à faire une révolution dans l'acception occidentale du mot. Que l'on se réfère à Cromwell, dans l'Angleterre du XVIIe siècle, à 1789 en France ou à 1917 en Russie, on sait de quoi on parle en employant ce terme : il y avait un ordre établi, dont on était mécontent à tort ou à raison, et on a essayé de tout bouleverser pour en instaurer un autre sur lequel on avait des idées plus ou moins vagues, mais toujours au nom de la liberté. Celle qui de ce point de vue a été la plus radicale et la plus réussie est la Révolution d'Octobre.

Khomeiny n'avait pas même une idée vague de ce qu'est une révolution. Il est enfermé depuis toujours dans ses propres idées et ces idées consistent à faire revivre l'Islam des premières heures, l'Islam proposé par les premiers Khalifes. Son idéal est celui-là et rien d'autre.

Je lisais à ce propos, peu après mon arrivée en France, un article sur le « jaillissement mystérieux de l'Islam ». Il n'y a ni jaillissement ni mystère, mais des gens enragés, en état d'hystérie et d'exaltation permanentes. Les chrétiens ont des mystères, nous n'en avons pas. Il en existe peut-être dans l'art ou dans la musique, mais avec Allah et le Prophète, rien de tout cela ; ils dictent des commandements, des prescriptions, c'est à prendre ou à laisser.

Une journaliste de radio a repris ce thème en me demandant si l'avènement de Khomeiny correspondait à un jaillissement profond de l'Islam. Ma réponse a été claire : il

174

n'y a dans cette affaire que des gens bornés, ignares, qui souhaitent un retour en arrière, un retour de quatorze siècles vers le passé. Ne cherchez pas de poésie là-dedans, il n'y en a pas. L'Islam n'est pas seulement la clémence, Khomeiny est un homme sanguinaire, il respecte en cela une tradition islamique.

Un aspect important explique l'impact qu'il a eu d'emblée sur la population iranienne : c'est qu'il n'évoquait pas, dans sa propagande, son modèle islamique de société. Il attaquait le régime du roi sur d'autres bases : la dictature, la corruption, les exactions, les injustices, la Savak... De temps en temps il ajoutait que l'Islam était en danger, que les lois votées étaient anti-islamiques, celle par exemple qui accordait le droit de vote aux femmes. Mais pour le reste, eh bien ! la chose est piquante, mais il s'exprimait comme un membre du Front national. Nous disions, nous, que si la Constitution était respectée, la monarchie n'avait rien d'horrible, rien de dégradant. Le roi pouvait fort bien représenter le symbole de l'unité nationale dans la mosaïque d'ethnies qui constitue notre pays. Il avait, pour sa part, des arrière-pensées différentes et se distinguait surtout par une méconnaissance totale de ce qu'est une civilisation de progrès.

Beaucoup n'en avaient pas conscience, pensant que Khomeiny au pouvoir mettrait fin aux injustices, à la corruption, qu'il appliquerait la Constitution de 1906 — dont il se souciait comme de son premier turban — que la société progresserait dans le sens cartésien du mot. Oui, cela, une immense partie de la population le croyait, sans être particulièrement attachée à la religion.

Le laïc que je suis par nature et par formation se défiait de cette sorte d'homme qui ne pouvait même pas être considéré comme un théologien, tout au plus comme un religieux imprégné de fanatisme.

Certains aussi, surtout dans les milieux intellectuels, voyaient en Khomeiny un avertissement pour le roi et l'amorce du processus de changement politique dont ils rêvaient depuis vingt-cinq ans. Mais Mohammad Reza Chah continua à écraser systématiquement l'opposition nationaliste et libérale, faisant par là même la litière de l'ayatollah.

Ce dernier a profité de trois facteurs principaux. D'abord, les choses se dégradaient progressivement. Le roi n'a pas réagi dans le sens souhaitable. Cela rappelle la Révolution française : si on avait écouté Turgot, si Necker était venu plus tôt, si... J'ai déjà dit plus haut ce qu'on aurait pu mettre, en Iran, derrière ces si. Autre facteur favorable : la société iranienne était engagée dans une modernisation toute extérieure à laquelle ne correspondait pas un assainissement, une moralisation de nos mœurs politiques ; elle se montrait donc fragile et vulnérable.

Enfin, Khomeiny, en vieux paysan roublard, a le sens de l'à-propos, il a su jouer de la naïveté de la masse. Son habit même jouait pour lui ; l'Occident anticommuniste faisait confiance à sa qualité d'homme de Dieu. La piété lui semblait un barrage contre l'Union Soviétique. Le roi n'était pas éloigné de le croire aussi ; il ne voyait pas d'un mauvais œil qu'une telle doctrine se propage dans le pays, quitte à balayer ensuite Khomeiny lui-même.

Comment peut-on se tromper ainsi ? Ceux qui tiraient ces plans sur la comète se demandaient-ils si le mollah prêchait le véritable Islam ou l'interprétation personnelle qu'il en faisait ? Ce problème est secondaire pour moi mais aurait dû se poser à ceux qui donnaient à la religion une place dans leur stratégie.

Sur le plan politique, Khomeiny ne dévoila pas tout d'abord ses projets. Il se présenta comme une sorte de saint désireux de prier, de prêcher, à la rigueur et si on le lui demandait expressément, de conseiller et de guider. Pour le reste, il n'affichait aucune ambition.

Très peu de personnes ont compris la réalité de ses intentions. J'ai eu le triste privilège de les percer bien avant qu'elles ne devinssent évidentes. Dans l'élite, au niveau des responsables, on rencontrait même de l'enthousiasme, allumé par le charisme incontestable que possédait le mollah. Ce charisme opérait aussi bien sur les intellectuels que sur la masse, et la vérité oblige à dire que le Chah en était, lui, dépourvu. Cette vertu n'est pas donnée à quiconque, mais l'habileté d'un homme d'Etat consiste à la compenser par d'autres aspects positifs, comme de pratiquer une politique suivie sur laquelle le peuple peut s'appuyer, soit pour s'y ranger soit pour la combattre. Tel n'était pas le cas : le roi optait un jour pour la manière forte, le lendemain pour les concessions. C'est la pire des méthodes de gouvernement.

En résumé, il n'est pas possible de parler de deux forces qui s'affrontent ; il y avait d'un côté une force et de l'autre une faiblesse. Le pays présentait un vide, Khomeiny apportait tout ce qu'il fallait pour le remplir : un message simple, réduit au strict minimum, une auréole et un charisme.

Le message était d'autant plus simple que l'iman n'avait pas un projet défini du régime qu'il instaurerait ; il ne pouvait donc en parler et il n'en parlait pas. Il arriva entouré de quelques fidèles sur lesquels il comptait, des personnes que l'on ne peut décorer du nom de personnalités, occupées précédemment, en Amérique et en Europe, à faire de la propagande antigouvernementale.

Il dit alors qu'il allait instaurer une République islamique et il la proclama bien avant le référendum ; celui-ci était donc mal nommé, c'était plutôt un plébiscite. Certains auraient préféré une « république nationale islamique », d'autres une « république démocratique islamique ». Leurs suggestions ne furent pas retenues ; Khomeiny professait depuis longtemps que l'Islam suffisait à tout, rendait compte de tout, était l'alpha et l'oméga ; pourquoi le surcharger de notions qu'il contenait par définition ou qu'il ne contenait pas, auquel cas elles devaient être rejetées avec dégoût ?

10.

Il n'y a plus d'armée au numéro que vous avez demandé

Face à Khomeiny, je pouvais défendre la légalité que j'incarnais, pour peu que j'eusse pour moi l'armée, elle-même tenue par la loi d'obéir aux ordres du gouvernement. Nécessité d'autant plus impérieuse que j'avais à affronter des émeutiers qui n'étaient pas dépourvus de moyens de combat.

L'armée iranienne était la plus forte de la région. Elle surclassait l'armée israélienne, qui ne peut aligner cinquante divisions, tandis que l'Iran le pouvait. En temps ordinaire, elle comptait environ 400 000 hommes, plus 300 000 réservistes.

La trahison des chefs militaires ne doit pas jeter le discrédit sur l'ensemble de ce grand corps national. Il est un souvenir que je n'évoque jamais sans émotion. La Présidence du Conseil disposait de dix lignes de téléphone, une seule était directe, les autres passant par les secrétariats ; j'avais fait le nécessaire pour que les appels qui parvenaient ne tombent pas dans une mer d'indifférence, ne se heurtent pas à ce mur administratif qui décourage les citoyens et isole les chefs d'Etat de la réalité vivante du pays. J'étais, de cette façon, informé des réactions consécutives à mes interventions à la télévision ou à la radio. Ceux qui m'approuvaient le plus étaient les jeunes officiers. M'ayant écouté, ils demandaient que je vinsse parler dans les casernes. Je n'en avais malheureusement pas le temps. Je notais d'autre part l'opposition du général Ghara-Baghi, qui craignait par-dessus tout une initiative de ce genre. Il savait que, si j'avais pu y donner suite, les capitaines, commandants, colonels, se seraient ralliés à moi. En m'écoutant, ils pleuraient. Où sont-ils aujourd'hui ? Limogés ? Exécutés ? Je n'en porte certes pas la responsabilité, mais je garde comme un poids sur le cœur le sort de tous ces jeunes gens, leurs espoirs déçus, l'échec qu'avec eux j'aurais pu éviter.

J'ai dit comment, ayant eu la latitude de choisir librement mes ministres, je n'avais pas eu la même latitude pour le chef d'état-major, nommé par le Chah avant la présentation du nouveau gouvernement. Le général Ghara-Baghi ne me donnait pas l'impression, au début, de vouloir composer avec les ennemis. J'estimais seulement qu'il n'était pas d'une grande intelligence ni d'un très grand courage. Il devait être plus à l'aise dans un salon que sur un champ de bataille. Quoi qu'il en soit, je ne pouvais le révoquer immédiatement.

Le Conseil national de Sécurité se réunissait depuis toujours, mais pour la forme. Le premier ministre en était le président, il pouvait y inviter toutes les personnes de son choix, en dehors des membres institutionnels : ministre des Affaires étrangères, chef d'état-major général, commandants en chef des différentes forces, commandant de la Savak.

Je le réunissais deux ou trois fois par semaine. A l'une de ces séances, je posai une question directe au commandant en chef de l'armée de l'air :

— Il existe dans votre arme des techniciens sous contrat de trois à sept ans, m'a-t-on dit, qui entretiennent des contacts avec les mollahs.

Rabii me répond que le problème est d'ordre statutaire : ces techniciens veulent un salaire et un statut d'ingénieur ; ils considèrent que leur traitement est inférieur à ceux du secteur privé.

Il est courant que le secteur privé paie mieux que le public. J'insiste pour qu'on ne renouvelle pas les contrats : que ces gens aillent dans les compagnies, s'ils le jugent bon ! Les jours suivants, les services de renseignements m'apprennent que les contacts se poursuivent avec les mollahs et les partisans de Khomeiny. Je téléphone au général Rabii :

— Le régime actuel est celui de la légalité. Nous ne sommes pas une dictature, mais nous devons agir avec

179

autorité. Veuillez appliquer la loi et les règlements en vigueur !

La situation n'est pas réglée pour autant ; je me rends compte, dans la suite des jours, que les choses tournent mal : dans le quartier est de Téhéran, où sont installés les techniciens de l'air, se produisent sans cesse des manifestations de moudjahiddines ; plus grave encore, on m'informe qu'ils se sont emparés de dépôts d'armes légères, mitraillettes, grenades, différents types de fusils et même mitrailleuses.

Je convoque à nouveau le Conseil national de Sécurité, j'évoque ces renseignements et je donne l'ordre de bombarder ces dépôts. Je le donne même par écrit, avec les précisions suivantes :

— Envoyer par avion ou par tout autre moyen des tracts sur cette zone, en demandant aux gens de se disperser dans un délai d'une heure.

— Après les sommations d'usage, à 20 heures, procéder au bombardement.

Cet ordre sera évoqué plus tard devant le tribunal des mollahs par le chef de l'aviation.

Le chef d'état-major avait ordre de me rendre compte du résultat de cette opération soit le soir, nous étions le 10 février, soit le lendemain. L'épreuve de force avait commencé, j'étais décidé à la poursuivre jusqu'au bout, quoi qu'il dût m'en coûter. Le samedi s'acheva sans que je reçoive la moindre nouvelle ; aucun coup de téléphone de l'état-major ne me réveilla cette nuit-là. Rien d'étonnant pourtant : mille raisons pouvaient avoir fait surseoir à l'exécution du plan.

Le dimanche matin, à huit heures, je me rends à la présidence, j'ai suffisamment à faire pour n'être pas venu pour rien, mais je m'étonne du silence de Ghara-Baghi. A 9 h 20, je demande qu'on lui téléphone. On me répond qu'il est en conférence, une conférence très importante, et qu'il arrivera aussitôt après, en hélicoptère ; l'Ecole des Cadets, qui se trouve à 250 mètres, est équipée pour l'atterrissage des appareils.

Les minutes passent, je me fais la réflexion que la

conférence en question doit en effet être importante. De quoi peut-il bien s'agir ? Pour les militaires, il n'existe qu'un Conseil supérieur de la Guerre, mais nous ne sommes en guerre contre personne ! Quelle instance exceptionnelle peut-elle bien requérir les chefs de l'armée sans que j'en aie été informé ? Je sens que des événements graves sont en train de se passer. A 11 heures enfin, j'ai Ghara-Baghi au téléphone. Il m'annonce que l'armée a proclamé sa neutralité. Je lui réponds :

— J'avais fini par comprendre, figurez-vous ! Merci quand même de m'apporter une confirmation.

L'armée a basculé, l'armée a trahi. Ce Ghara-Baghi que m'a légué le Chah, et Hossein Fardoust, un intime du souverain, bénéficiant d'une certaine complicité du chef de la Savak, ont réuni vingt-cinq généraux en un « Conseil supérieur des Forces armées » sans aucune réalité légale, institué pour les besoins de la circonstance. Ce conseil a adopté la résolution suivante :

« L'armée iranienne a le devoir de protéger l'indépendance et l'intégrité territoriale de notre cher pays. Elle a jusqu'à présent, au milieu des troubles qui ont ensanglanté notre Patrie, accompli de son mieux le devoir de défendre les différents gouvernements légaux du pays. Etant donné la récente évolution de la situation intérieure, le Conseil Supérieur de l'Armée s'est réuni aujourd'hui 22 Bahman 1357 à 10 h 30 et a décidé, à l'unanimité, de déclarer sa neutralité dans les querelles politiques qui opposent les factions, ceci afin d'éviter aussi bien d'accroître le chaos et l'anarchie intérieurs que d'ensanglanter le pays.

« Ordre a été donné aux unités militaires de réintégrer leurs casernes. L'armée iranienne restera, comme elle l'a toujours été, le défenseur du noble peuple iranien. Elle appuie de toutes ses forces les vœux légitimes de ce peuple. »

Déclaration invraisemblable où les militaires, après s'être accordé des félicitations pour leur comportement passé auprès des gouvernements légaux, assimilent le gouvernement légal actuel à une faction, puis se retirent sous leurs tentes sous prétexte de ne pas accroître un chaos qu'ils avaient précisément le devoir de supprimer. L'illogisme et la fausseté transparaissent à chaque ligne ; l'armée décide de se croiser les bras en prétendant qu'ainsi elle défend le noble peuple iranien. La forfaiture est éclatante ; en feignant une neutralité qui n'a pas de sens pour une armée nationale, elle laisse en fait le champ libre à Khomeiny et à sa prétendue révolution islamique.

Comment en étaient-ils arrivés là ? Ces gens n'avaient certainement pas trouvé cette idée dans leurs propres cervelles. Ils avaient simplement choisi une des solutions suggérées par Huyser avant son départ. Et voici la clef de ce que certains considèrent comme une énigme : qu'était venu faire en Iran le général Huyser ? Réponse : donner des idées aux militaires. Le résultat, nous le connaissons maintenant. Le Chah, dans *Réponse à l'Histoire,* fournit une explication confuse d'où ressort une phrase révélatrice : « Il fallait donc neutraliser l'armée iranienne. » Le but était atteint. L'armée ne fomenta pas de coup d'Etat, elle se contenta de déserter et de laisser piller ses réserves d'armes. Les chefs militaires cachaient sous le terme de « neutralité » ce qui n'était en réalité qu'une complicité. Qu'y ont-ils gagné ? A deux ou trois exceptions près, ils ont été exécutés par Khomeiny.

En raccrochant le téléphone, je suis resté très calme, mais j'ai compris que tout était perdu. J'ai compris aussi pourquoi l'ordre de la veille n'avait pas été exécuté. La dérision de tout ceci m'apparaissait tandis que défilaient dans ma mémoire certains épisodes des derniers trente-sept jours : le chef d'état-major et les membres du Conseil national de Sécurité m'avaient eux-mêmes demandé d'être dur à l'égard de la population. J'avais donné par écrit des instructions comme celles-ci :

Ne tirez sur personne sauf dans deux cas :

1. Si on tire sur vous ou sur un objectif sensible (commissariat de police, gendarmerie, garnison, etc.).

2. Si vous voyez flotter un drapeau qui ne soit pas iranien.

Car il n'était pas impossible que sortent des drapeaux marqués de la faucille et du marteau, ce que je n'aurais toléré en aucun cas. Je pouvais être pleinement rassuré : l'armée ne tirerait plus sur personne.

Je suis resté où j'étais ; j'ai décroché mon téléphone pour dire à la radio de ne pas publier avant une heure la nouvelle que venait de me transmettre Ghara-Baghi, puis j'ai terminé le travail que j'avais à faire sur ma table.

Dehors, la populace grondait, j'entendais les gardes la repousser, pour qu'elle ne prît pas d'assaut la Présidence du Conseil ; des balles de mitrailleuses crépitaient sur la façade de la pièce où je me trouvais.

On frappa à la porte de mon bureau ; sans attendre ma réponse deux hommes entrèrent : un officier de la police et un officier de la Savak.

— Monsieur le Premier Ministre, la situation est tendue...

— Je sais. Je partirai quand il sera temps de partir.

L'appareil de l'Etat se désagrégeait rapidement ; presque tous les ministres avaient quitté leurs ministères, la parole était à la rue ; au milieu de spasmes répugnants, l'ayatollah accouchait de sa république islamique. Je demandai qu'un hélicoptère vînt me prendre à l'Ecole des Cadets, car il n'était plus possible de sortir du quartier d'une autre façon, tout était investi.

Vers 14 h 15, je quittai la Présidence du Conseil. Ma secrétaire, fidèle à son poste jusqu'au dernier moment, me demanda, tandis que je descendais les marches :

— Quand reviendrez-vous, Monsieur ?

— Je l'ignore, mais je reviendrai.

Sur le court chemin que j'avais à parcourir jusqu'à l'Ecole militaire, je vis quelques gradés et trois officiers au garde-à-vous, qui me saluaient ; j'ai fait arrêter la voiture, je suis descendu et je les ai salués à mon tour un par un, puis je suis reparti. A l'Ecole aussi les officiers m'ont salué très respectueusement. L'armée n'est pas faite que de chefs d'état-major.

L'hélicoptère m'emporta vers la destination que je m'étais fixée, mon plan se déroula sans anicroche. Une heure après mon départ, la populace envahissait la Présidence du Conseil, je suis sûr que les pillards ont fait main basse sur tout ce qu'elle contenait de précieux, les tapis, les cristaux, l'argenterie, à défaut de pouvoir s'emparer de la personne du chef du gouvernement, que le forcené de Neauphle-le-Château avait juré de faire passer en jugement. C'était écrit, selon lui, sur les tablettes d'Allah, mais il avait dû mal les lire.

Quatrième partie

FIDÈLE AU DESTIN
DE L'IRAN

1.

Un billet pour Paris,
s'il vous plaît !

Quelques minutes plus tard, j'entrais dans la clandestinité. Seul lien avec l'extérieur où la révolution battait son plein : un poste de radio à transistor. J'appris que ma maison avait été saccagée, ma bibliothèque dévastée ; Valéry, Bergson, Camus, Saint John Perse avaient fait les frais de la haine obscurantiste qui déferlait. Puis le speaker livra une information de dernière heure :

— M. Chapour Bakhtiar a été assassiné.

Un peu plus tard, la nouvelle est démentie : je n'ai pas été assassiné, je me suis suicidé. Les communiqués se succèdent, alternant avec des vociférations, des slogans, des cris de guerre sainte. J'assiste à la révolution par l'intermédiaire de cette petite boîte bruyante, posée près de moi, dans la pénombre de ma cachette, en audition privée, à guichets fermés. Le lendemain, j'apprends que je ne suis pas mort, ni sous les coups des Gardiens de la révolution ni de ma propre main, mais que j'ai été arrêté et enfermé avec Hoveyda dans une maison où se trouve aussi Khomeiny. Il ne me semble pas que cela vaille mieux ; décidément, je préfère le premier scénario.

Ce jour-là, je change de domicile et me rends dans une maison où j'ignore encore combien de temps je resterai. Je le sais aujourd'hui : ma retraite a duré près de six mois, pendant lesquels je n'ai pas mis le nez dehors. J'avais raisonné de la façon suivante : si je vais chez des amis, les soupçons se matérialiseront vite, je leur fais courir des risques incalculables sans assurer pour autant ma sécurité.

Chez des parents, la chose est encore plus hasardeuse. Je me suis donc réfugié chez de simples connaissances. Mes hôtes, très honorables et très gentils, ont congédié leurs domestiques pour éviter toute indiscrétion. A eux quatre, le propriétaire des lieux, sa femme, son gendre et sa fille, ont assuré le service de la maison durant tout mon séjour.

Je suis par tempérament un solitaire, je ne trouvais donc pas ces conditions trop dures. Même très jeune, je ne sortais presque jamais. Je ne suis pas homme à me mêler à des sociétés trop nombreuses ni à trouver un plaisir quelconque aux conversations frivoles. Le bain de foule est un exercice que je supporte dix minutes. Après quoi je retourne, dès que je le peux, à ma solitude.

La solitude ne sied qu'aux gens qui ont la foi. Le moine dans sa cellule, dans son monastère, croit en son Dieu, sinon il est perdu. Seule la foi sauve. Pour lui, elle est de nature religieuse, pour d'autres elle s'applique à un idéal politique, humanitaire, esthétique, scientifique.

J'ai lutté pendant vingt-cinq ans pour un idéal que je considère comme étant le plus valable. Je me trompe peut-être mais je n'en ai pas trouvé de meilleur ; si cela avait été, je me le serais approprié. La conviction rend l'action facile, l'homme puise en elle la force de se maintenir et de réaliser. Dans ma chambre aux rideaux tirés, j'avais l'intime conviction que mes idées étaient justes, je gardais la foi. La pièce où je vivais se trouvait mitoyenne avec un tribunal révolutionnaire ; j'entendais à longueur de jour et de nuit le procès qui m'était fait, les avis de recherche lancés contre moi, les accusations que l'on formulait. Ce fut certainement la période la plus difficile que j'ai eu à connaître ; elle n'a pas ébranlé mes certitudes.

C'est toujours un petit nombre de personnes qui a fait avancer le monde, ce n'est jamais l'immense flot des masses. J'ai toujours cru en l'élite, à charge pour elle d'entraîner toute la nation vers le but qu'elle a découvert.

Mon expérience n'a pas abouti, mais je sais avoir agi selon ma conscience, j'ai fait ce que je pensais être juste. L'essentiel reste d'être logique avec soi-même et fidèle à son idéal. Si j'avais proclamé : « Je vous donne la liberté, toutes les libertés », et que mon comportement eût été celui d'un tyran, je n'aurais pas été fidèle. Khomeiny a déclaré : « Je suis un mollah, j'irai à Qom, je ne m'occuperai pas des affaires de l'Etat » et il a fait tout le contraire. Khomeiny n'a pas été fidèle à lui-même.

Quand on a vingt ou trente ans de lutte politique derrière soi, on doit savoir quelles sont les idées maîtresses de la pensée qu'on s'est formée. De nombreux livres ont été écrits sur cette période, que disent-ils ? Ils soulignent un fait unique dans l'histoire de l'Iran : ce gouvernement, le mien, a été le premier et le seul gouvernement démocratique et nationaliste que nous ayons connu. Qu'ai-je perdu ? Vraiment pas grand chose. Qu'ai-je prouvé ? Qu'il était possible de parvenir au pouvoir sans renier ses engagements, sans se déjuger soi-même. J'ai eu quarante jours pour faire cette preuve ; de ce point de vue ils ont été largement suffisants.

Plus que le fait d'être quotidiennement menacé de mort, ce qui me tourmentait était de savoir que certains gardaient leurs illusions. Il fallait, comme disait Galilée, que le temps laisse la terre agir, mais que de ravages dans l'intervalle ! Les gens qui me traquaient croyaient que j'étais le diable, que l'iman allait faire de l'Iran un paradis. Par la suite, ils se rendront compte que ce n'était qu'un ignare, un malfaisant, un assassin professionnel. Que n'ont-ils pas pressenti cette réalité plus tôt ! J'essayais d'aller vers la clarté, alors que l'Iran plongeait dans l'obscurantisme, vers l'ordre, alors qu'il se complaisait dans l'anarchie. Je naviguais à contre-courant, attitude inconfortable et singulièrement harassante.

Il ne me restait qu'une possibilité d'agir sur les événements : ouvrir les yeux de mes concitoyens, les détromper : « Vous aviez un pouvoir corrompu, une dictature usée, n'allez pas la remplacer par une dictature beaucoup plus virulente et dangereuse. Si vous choisissez cette voie, l'Iran sera à feu et à sang, le pays connaîtra la désintégration, l'économie fera faillite. » Ces mises en garde, que je n'avais cessé de répéter, sonnaient de manière prophétique ; il fallait les renouveler car l'espoir demeurait, comme il demeure encore aujourd'hui ; je me redisais la phrase de De Gaulle le 18 juin 1940 :

« ... les forces mécaniques qui ont donné à l'ennemi la possibilité de nous écraser nous permettront, le jour où nous disposerons des mêmes moyens, de prendre notre revanche. »

Les mêmes moyens ? Commençons par les plus simples. Khomeiny avait préparé sa révolution en envoyant de France des cassettes où il appelait au soulèvement. Trois jours avant la date annoncée pour la proclamation de la République islamique, j'enregistrai une bande sonore d'environ douze minutes, qui quitta subrepticement mon refuge à destination de deux agences de presse : l'AFP et Reuter et fut ainsi diffusée à travers le monde.

J'y décrivais, à la lumière des derniers événements, ce qui ne pouvait que se produire : le polycentrisme, une nouvelle féodalité, la dislocation de l'économie, les tueries interminables.

Je prévoyais aussi que nous assisterions à une lutte contre tout ce qui est spécifiquement iranien. Une monarchie ou une république iranienne reflète par essence la réalité nationale, l'esprit et le caractère du pays où elle fleurit, mais une république islamique ? Son principe même la rend apte à exister n'importe où et c'est bien ainsi que Khomeiny l'entendait. L'Islam remplaçait le cadre proprement national par un autre, ne pouvait même pas tenir compte des frontières, puisqu'il les transcendait. Il devait détruire les particularismes, qui n'apparaissaient à ses yeux que comme des incongruités. L'Iran était en passe de perdre son identité.

Pour terminer, je disais sur un ton résolument ironique : « En ce qui me concerne, je ne voterai pas pour cette République. » Tout le monde sachant bien que j'aurais été fort embarrassé pour m'approcher d'un bureau de vote, mon message signifiait : « Ne votez pas. Abstenez-vous. Sachez que votre voix donnée à Khomeiny vous engagerait sur une route obscure dont vous ignorez où elle mène. »

J'avais un atout que j'entendais jouer : ma crédibilité. Ce que j'exprimais ne différait pas de mes prises de position précédentes ; j'avais dénoncé Khomeiny au moment où on lui accordait encore au moins le bénéfice du doute, lorsque des nationalistes comptaient sur lui pour instaurer la liberté. Je n'avais pas attendu que les choses se gâtent.

Quelques jours avant mon départ d'Iran, je diffusai une seconde cassette qui rappelait mes prévisions. Celles-ci s'étaient réalisées point par point ; je pouvais donc prononcer de nouvelles mises en garde et esquisser les développements à venir. Depuis, le temps s'est écoulé, mes pronostics se sont révélés, cette fois encore, exacts sans que j'en ressente, on s'en doute, le moindre plaisir. La satisfaction d'avoir eu raison s'évanouit devant les maux qui pleuvent sur nous.

Je suis de ceux qui, dans la vie ordinaire, se montrent volontiers impatients et emportés, mais que des circonstances exceptionnelles trouvent imperturbables. Ce trait s'est vérifié pendant toute la période que j'évoque. Un soir, le gendre de mon hôte vient frapper à ma porte :

— Monsieur, habillez-vous, il peut se passer des choses. Les pasdars [1] sont en bas. Surtout n'allumez pas votre lampe !

Je me lève, troque mon pyjama contre un pantalon, une chemise, et me mets à fouiller dans l'obscurité l'armoire qu'on avait mise à ma disposition. Je consacre de longues minutes à ma recherche, le jeune homme revient et me recommande à nouveau d'aller vite. Il lui semblait comme à moi que si l'on m'arrêtait, je devais me produire dans une tenue décente et mourir, le cas échéant, en complet-veston.

Je me rends compte alors de la raison pour laquelle ma main en tâtonnant s'emploie dans les ténèbres du bahut : ayant enfilé un costume bleu, je voulais une cravate assortie, que j'étais sûr de reconnaître au toucher par sa forme et son tissu, parce que j'ai quelque expérience des cravates.

On vient d'ailleurs m'aviser peu de temps après que les pasdars sont repartis comme ils étaient venus, en s'excusant d'avoir dérangé mes hôtes : poursuivant des cambrioleurs, ils

1. Gardiens de la Révolution.

191

pensaient les avoir vus entrer dans l'immeuble. Quelle confusion aurait été la mienne si, plus impressionnable de nature, j'eusse perdu la face devant des alguazils de quartier en quête de voleurs de poules !

Je ne pouvais pourtant pas vivre caché jusqu'à la fin de mes jours. J'étais en train de perdre un temps précieux, il fallait que j'aille dans un pays qui me permette de m'exprimer, de continuer la lutte.

Je procédai de la façon la plus simple ; elle n'en exigeait pas moins des préparatifs minutieux. Des gens courageux m'aidèrent à les mener à bien. Il me fallait un passeport étranger, des papiers où mon nom n'apparaissait évidemment pas, quelque postiche. Ma valise ne devait contenir rien d'iranien et mes vêtements ne pas porter la marque d'un tailleur du pays.

Puis un matin, je me suis rendu à l'aéroport en voiture, ma physionomie légèrement corrigée grâce à une barbichette et à des lunettes noires. Quelqu'un, qui m'accompagnait, pénétra dans l'aérogare avec mon billet de première et ma valise, qu'il alla déposer aux bagages. J'attendis dans la voiture jusqu'à ce que le décollage fût annoncé pour le quart d'heure suivant. Je me précipitai alors, ma veste sur l'épaule, comme un homme d'affaires pressé. La queue des passagers iraniens était longue, mais celle des étrangers ne comprenait que sept à huit personnes. Je ne rencontrai qu'un officier de police qui ne prêta aucune attention à ma physionomie ni à mon passeport. Dans la salle de départ, je n'eus pas à attendre longtemps et pris le premier car qui se présenta pour aller jusqu'à l'avion.

Vingt-huit places étaient prévues en première classe et deux cent trente environ en seconde ; je pus donc monter rapidement à bord, mon bagage se trouvant déjà dans la cale. Mon plan consistait à réduire le plus possible les risques d'être reconnu ; statistiquement ils étaient moindres en première.

Je m'assis près d'un hublot, les lunettes noires toujours sur le nez, déployai *le Monde* sur mes genoux et posai mon passeport par-dessus, puis, tandis que les autres passagers pénétraient dans la cabine par la porte qui se trouvait dans mon dos, je regardai d'un air détaché vers l'extérieur, feignant de m'intéresser prodigieusement au trafic des employés des compagnies aériennes sur cette portion du terrain.

Le bruit mat de la porte que le steward fermait parvint à mon oreille comme une délectable musique. J'estimai avoir déjà obtenu 95 % de réussite, quand un jeune Iranien d'environ 35 ans vint s'asseoir dans le fauteuil voisin, sortit d'un sac en cuir un grand nombre de journaux et de revues et s'installa commodément. Impassible, je gardais le regard fixé, cette fois, sur les nuages, car nous décollions en direction du nord-ouest, quand la voix du jeune homme s'éleva :

— De quelle nationalité êtes-vous ? Française ?

— Oui.

— Vous êtes dans les affaires ?

— Oui.

— Moi, j'ai une bourse de l'Etat français pour faire des études à Lyon, car je suis ingénieur.

Je murmurai entre mes dents :

— C'est très bien, monsieur.

La conversation s'arrêta là pour le moment. Je sonnai pour demander du champagne, que l'hôtesse m'apporta et que je bus avec beaucoup de tranquillité. Je ne laissais pas cependant de regarder de temps en temps ma montre. Quand une heure se fut écoulée, je pensai sans déplaisir : « Nous avons quitté l'Iran, nous survolons la Turquie, les autorités iraniennes n'ont plus la possibilité de faire revenir l'avion. » Je pouvais relâcher un peu de ma prudence. Je m'amusai à regarder, par-dessus l'accoudoir, les revues iraniennes que feuilletait mon compagnon ; en effet, je venais d'apercevoir ma photo, à côté de celle de Bazargan.

— Dites-moi, fis-je, qui sont ces messieurs ?

— Celui-ci est l'ancien premier ministre et celui-là le nouveau.

— Comment sont-ils ?

— L'ancien était un homme très fort, très courageux.

Quant au nouveau, il est gentil, très bien, mais il n'est pas là depuis longtemps, on ne peut pas savoir.

Et comme on ne pouvait pas savoir, il changea de sujet et me parla de ses études.

Personne ne savait le jour ni l'heure de mon arrivée à Paris. C'est une fois en France seulement que j'ai averti mes enfants, afin qu'ils vinssent me chercher.

2.

La lourde responsabilité
de Bani Sadr

La République islamique d'Iran, imposée par Khomeiny et ratifiée par le référendum frelaté des 30 et 31 mars 1979, est le cadre dans lequel il pourra développer ses pensées et arrière-pensées. Il n'aura plus besoin longtemps des Sandjabi et des Bazargan qui l'ont aidé à mettre en place sa mystification ; il les limoge sans ménagements. La relève est effectuée par son équipe, celle que l'on appelle le « sinistre triangle » : Bani Sadr, Ghotbzadeh et Yazdi.

L'enthousiasme de la population a commencé à se refroidir devant les conséquences prévisibles du changement politique. Sur le plan économique, elles n'ont pas tardé à faire leur apparition. Sur le plan de la sécurité, les Iraniens ont compris que plus rien ne protégeait leurs personnes ni leurs biens.

A ses débuts, toute révolution connaît une période de désordre, puis la situation se régularise. Dans le système de Khomeiny, le désordre semble institutionnel. Il existe une police officielle et deux ou trois polices parallèles. La compétence des différentes polices n'est pas définie par la loi. Du reste, qu'est devenue la loi ? Dans le sens habituel d'une convention que les hommes se sont mis d'accord pour s'imposer à eux-mêmes, elle n'a plus d'existence.

L'argument de ces théocrates est le suivant : n'est fiable que la loi d'inspiration divine. Qu'est-ce que l'inspiration divine ? Ce sont les versets du Coran, écrits sous la dictée de l'Ange Gabriel descendu pour les donner aux hommes. La notion de loi divine doit remplacer celle de loi humaine, telle que nous la concevons.

On peut se demander pourquoi, dès lors, maintenir une Constitution, un président de la République et des élections, puisque les hommes ne sont pas capables de se déterminer et qu'ils doivent attendre du ciel les préceptes qui régleront leur conduite. Mais tout cela a été gardé et voici comment se déroule le spectacle de marionnettes de l'iman : il choisit un président de la République, Bani Sadr, hier encore un inconnu. Je le déclare formellement, Bani Sadr est une créature de Khomeiny, le peuple n'a eu qu'à ratifier sa désignation.

Deux mois après, le 20 mars 1980, ont lieu les élections législatives. Il est assez naturel que le même électorat donne une majorité au président qu'il a précédemment élu. En France, en 1981, Mitterrand a obtenu une Assemblée nationale conforme à ses vœux. Le même phénomène avait joué, les décennies précédentes, pour de Gaulle, Pompidou, Giscard d'Estaing, avec des avances plus ou moins confortables.

Dans la république de Khomeiny c'est le contraire qui s'est produit. Bani Sadr n'a que trente ou quarante députés de son parti, le Parti républicain islamique, en compte 180. Or le premier ministre est désigné par le Parlement et tout ce monde, président de la République, premier ministre et députés, doit cohabiter.

Cet arrangement boiteux ne peut que déclencher la lutte pour le pouvoir. Le président, se référant à la Constitution la plus ridicule et contradictoire que la terre ait connue, fait valoir que le Parlement empiète sur ses attributions. Le Parlement, par la voix du premier ministre Ali Radjai, homme recommandable pour son inintelligence et son passé obscur, répond qu'il est le seul responsable et que d'ailleurs l'arbitre suprême est Khomeiny.

Et en définitive, c'est Khomeiny qui décide. Or, selon la Constitution même qu'il a fait adopter, il n'est strictement rien ; il ne peut pas légalement intervenir.

Auparavant, nous nous plaignions des abus de pouvoir

du Chah, mais l'Iran a maintenant un Chah considérablement plus dangereux. Au Chah, on pouvait dire : « Vous violez la Constitution. » A semblable reproche, Khomeiny répond : « Je ne viole rien, je suis inspiré. » Celui qui se risquerait à le contredire serait traité d'athée et la loi dispose que tout athée pourra être exécuté par n'importe qui, à n'importe quel moment, en n'importe quelle circonstance, sans même un simulacre de procès. Une telle disposition découle du texte sacré, selon lequel le musulman qui insulte le Prophète est passible de la peine de mort.

Sous le régime précédent, l'insulte au roi était punie au plus d'une peine de prison ; je suis extrêmement compétent pour en parler. En Angleterre, elle vaut à son auteur une amende et quelques jours d'emprisonnement. Insulter Khomeiny équivaut à une profession d'athéisme qui déclenche sur l'imprudent les foudres d'Allah.

Bani Sadr a été élu sous une Constitution qu'il avait contribué à élaborer, ce qui ne l'empêchera pas de dire par la suite qu'il est dans l'impossibilité de gouverner avec cette Constitution. Commence alors la dictature, les libertés sont progressivement supprimées, le pluralisme disparaît. Pour se maintenir, le président cherche le concours d'autres forces. Quelles sont-elles ? D'abord les courants que représentent tant bien que mal de tristes sires comme Bazargan, Sandjabi et autres, tous ceux qui ont eu l'impression d'être les dupes dans cette affaire, et qui l'ont réellement été.

Il s'est allié d'autre part aux moudjahiddines qui constituent un phénomène particulier. Ils apparaissent comme des musulmans enragés mais ne sont en réalité que des marxistes. On en vient à préférer, à tout prendre, les feddayines, qui au moins professent ouvertement un marxisme pur et dur. Les moudjahiddines sont plus contre Khomeiny que pour Bani Sadr. Le jour où l'Iran connaîtra une lueur de liberté, ce jour-là les rapports de force apparaîtront différemment, les gens se montreront sous un jour plus authentique et on verra ce qu'il en est de ce type d'alliance.

L'armée était-elle prête à le soutenir ? Ses rapports avec elle sont entachés d'une incohérence initiale : un jour

Khomeiny a confié à Bani Sadr le commandement en chef des armées. Or la Constitution le lui attribuait automatiquement, il n'avait pas besoin de la bénédiction de l'iman. Des démarches de ce genre nous placent en plein irrationnel. Lors de l'affrontement qui s'est produit entre Bani Sadr et l'ayatollah, j'ai envoyé plusieurs messages à l'armée pour l'inviter à se tenir à l'écart ou plutôt pour la conforter dans son intention de ne pas intervenir, car je doute qu'elle ait été très décidée à voler au secours de Bani Sadr. En tant que chef du Conseil révolutionnaire, c'est lui qui avait donné l'ordre d'exécuter de nombreux officiers. D'ailleurs nous avons vu ce qui s'est passé dans le conflit qui allait aboutir à la chute de Bani Sadr : les militaires n'ont pas bougé.

Il ne bénéficiait pas davantage d'un appui populaire, bien qu'il l'ait cru. Il avait tendance à se bercer d'illusions et à en vivre, jusqu'à ce que la réalité se rappelât durement à son attention.

Les Anglais et les Américains, eux, nourrirent longtemps une autre illusion : ils avaient retenu de l'époque où Bani Sadr, éternel étudiant, battait la semelle sur le Quartier Latin, que l'on pouvait faire quelque chose avec lui, qu'il était, de tous ces énergumènes, le plus malléable. Ils ont ainsi fondé des espoirs sur lui à l'occasion de l'affaire des otages de l'ambassade.

Je pense au contraire qu'il était beaucoup plus dangereux que le reste de la bande. Sa fidélité à Khomeiny a duré jusqu'à la fin. Il disait : « J'accepte tout ce que dit l'iman. » Autre déclaration qui ne peut que faire frémir tout patriote : « Pour moi, être iranien n'a aucun sens en dehors de l'Islam. »

Que signifie un pareil axiome sinon que celui qui n'accepte pas l'Islam ne peut prétendre être Iranien ? Comment un cerveau raisonnant de la sorte peut-il résoudre les problèmes du pays ? Peut-il en résulter une vision tant soit peu réaliste des choses ?

Il ne pouvait qu'achopper aux premières nécessités de la vie courante : la notion d'intérêt est incompatible avec l'Islam. Si l'on tient à être cohérent, il faut donc supprimer le profit, les banques, le commerce. Pour échapper au cercle vicieux, il a dû chercher midi à quatorze heures, se livrer à d'extraordinaires gymnastiques cérébrales.

Bani Sadr a été un élément déterminant dans le mécanisme qui a conduit l'Iran à la dictature et au gâchis actuel. Pendant les deux années qu'il a sévi, chacun a pu le connaître. Comme président du Conseil révolutionnaire, il est responsable de la nomination de Khalkhali, le tortionnaire, l'Eichman de l'Iran, connu comme tueur de chats avant qu'on lui eût donné à tuer des hommes. Il a exécuté sous les prétextes les plus futiles : adultère, homosexualité, drogue... des quantités de gens. Va-t-on prétendre que Bani Sadr ignorait cela ? Comment l'admettre ? L'entendre parler ensuite de « dignité humaine » est parfaitement indécent. Il n'y a pas d'échappatoire : on pouvait se tromper au début sur Khomeiny, parce qu'on ne le connaissait pas, on ne peut pas se tromper sur Bani Sadr !

Ses exploits se sont terminés par l'arbitrage que l'on sait et la fuite de l'apprenti-sorcier devant la machine qu'il avait lui-même contribué à fabriquer. A cette occasion, des journalistes de radio et de télévision m'ont interviewé, me demandant si j'étais disposé à collaborer avec Bani Sadr. J'ai répondu ceci :

— Si, en 1943, Laval était venu se réfugier en Algérie en disant : « Vous savez, le vieux Pétain exagère, je peux faire quelque chose avec vous », de Gaulle l'aurait sans hésitation fait juger et fusiller. Comment envisager un instant que je collabore avec un collaborateur ?

Je ne puis entendre sans nausée des gens le donner pour un libéral, un démocrate, un nationaliste, un progressiste. Il est le produit le plus malsain qu'ait enfanté la révolution khomeinyste, dont il fut d'ailleurs l'architecte.

3.

Derrière un moudjahiddine, il y a toujours l'URSS

L'Iran avait besoin d'une politique propre à redresser la situation économique lamentable laissée par la « révolution blanche ». C'est tout le contraire qui advint. L'arrivée des mollahs l'aggrava considérablement. L'argent tiré de la vente du pétrole repartait aussitôt vers l'étranger pour remplir le ventre des affamés qui manifestaient toute la journée.

Les illusions du Chah avaient abouti, comme je l'ai dit, à inverser un état de fait qui nous était favorable en ce qui concerne les produits alimentaires. Au départ, nous produisions nous-mêmes le blé, le riz, l'orge, l'avoine, les pois chiches dont la consommation est grande en Iran. Après la réforme agraire, nous avons dû importer et nous placer dans une situation de dépendance vis-à-vis de l'étranger.

Dix ans avant ma prise de fonction, nous importions 20 % de notre blé. En 1979, nos achats équivalaient à environ 75 % de nos besoins. Au lieu de nous permettre d'acheter des ordinateurs, l'argent du pétrole servait à payer les cargaisons de pois chiches et de blé. La production baissait d'année en année, réduite à ce que fournissait la grande agriculture mécanisée car, pour le reste, la distribution des terres avait découragé les paysans et les avait précipités vers les villes où ils augmentaient le nombre des bouches à nourrir.

Il fallait donc tout, sauf une prétendue république islamique et un état d'effervescence permanent, pour rendre de la vigueur à une économie déjà malade. Le règne des mollahs perpétua la fermeture des usines et l'immobilisation par les grèves de beaucoup de celles qui auraient pu fonctionner encore. Il advint donc que très peu de gens travaillaient.

Je dois expliquer ce qu'on appelle chômage dans la région du globe que nous habitons. Ce phénomène varie d'un pays à l'autre. Dans des pays comme la Turquie, l'Iran, dans tout le Moyen-Orient en général, la notion de famille est plus large qu'en Occident. Il ne viendrait pas à l'esprit d'un Iranien de faire travailler une vieille tante ou des parents même assez éloignés ; il leur donne le vivre et le couvert. Même s'il a peu de choses, il les partage. Sur le chapitre de la générosité, nous surclassons les pays occidentaux, c'est là que se situe notre grandeur. Il y a de cela trois ans, toutes les forces vives de la nation ne travaillaient pas mais vivaient. Malgré l'exode rural, nous n'avions pas véritablement de problème de chômage.

Mais le chômage est une chose, la pénurie en est une autre. Khomeiny s'est révélé docteur ès-pénurie. On a vu les pires choses. Par exemple, le ministre du Travail de Bazargan, Forouhar, devant se présenter aux élections présidentielles, se mit en tête d'augmenter de 100 %, du jour au lendemain, le salaire des ouvriers qui travaillaient encore. Cette mesure démagogique ne l'empêcha pas de subir une rude défaite, puisqu'il n'obtint que le dixième des voix recueillies par Bani Sadr. Mais au même moment, les exportations de pétrole étaient passées de 5,6 millions de barils/jour à 1 million, soit un rapport d'à peu près 6 à 1.

En mars 1981, le journal *Mizan* annonçait un taux d'inflation de 255,1 % depuis le début de l'année. L'importance du déficit de la balance commerciale des postes alimentaires et pharmaceutiques était telle vis-à-vis des pays du bloc de l'Est, que ces derniers exigeaient des paiements comptant pour toutes les transactions. Depuis le 25 février, il fallait donner des tickets de rationnement pour acheter de la viande dans les boucheries. La population de Kermanshah manifestait dans les rues aux cris de « Pain, logement, liberté ! »

C'est une personnalité favorable au régime, M. Shabestari, député de Téhéran, qui résumait la crise en énonçant

9 points chauds : chômage à tous les niveaux ; coût élevé de la vie et pénurie des produits de consommation courante ; croissance des contre-révolutionnaires ; absence de sécurité ; insuffisance des logements ; exode rural ; manque de moyens de transport en commun ; quasi-inexistence d'égouts ; carence du système éducatif.

Beaucoup de ces carences sont à mettre au passif de l'ayatollah, qui non seulement n'a pas eu d'action positive, mais a laissé se dégrader ce qui existait. Les routes, les ports, les chemins de fer, les centrales nucléaires ont été endommagés. Si les barraques sont indemnes, les drainages ne sont plus effectués.

On ne saurait dire que l'ayatollah se rattrape sur le plan extérieur. Ce serait outrager le bon sens que de lui accorder une idée quelconque, même très floue, de ce qu'est la politique internationale. Enfermé dans sa mythologie, il voit dans l'étranger un ennemi, à moins que cet étranger ne soit un musulman et encore, pas n'importe quel musulman. Chiite, il a du mal à admettre qu'il y ait des Sunnites et plus encore des Baha'is.

Les pays qu'il soutient doivent être khomeynistes. Il affiche une vision très restrictive de l'Islamisme. Pour lui « le drapeau de l'Islam doit flotter sur toute la terre », mais c'est un drapeau à ses propres couleurs. Il veut le faire flotter sur l'Islam actuel, c'est-à-dire sur 700 à 800 millions d'âmes, puis dans un second temps sur le reste du monde. D'aucuns trouvent ce rêve enfantin, mon opinion est qu'il est absurde.

Sandjabi, étant ministre des Affaires étrangères, définissait sa diplomatie comme proche du non-alignement. Elle en est très éloignée, on n'y trouve pas trace d'indépendance au sens où il faut l'entendre. Tout ce qu'on peut y relever, c'est une sorte de sympathie pour les peuples cherchant à s'affranchir d'une domination étrangère : San Salvador, Guatemala... et une bienveillance à l'égard des pays islamiques ou des musulmans éparpillés à travers le monde, surtout dans les pays où ils sont minoritaires : Inde, Union soviétique, Philippines.

Des liens beaucoup plus étroits s'étaient établis entre Khomeiny et les Palestiniens, par réaction à la politique du roi en particulier. Ils ont abouti à l'aide efficace apportée par eux lors de la prise de possession du pays. Les fedayins enseignaient la guérilla à des Iraniens en Syrie, en Jordanie, en Libye, au Liban. Ce sont leurs méthodes de terrorisme que nous avons vu appliquer sur notre territoire et c'est leur stratégie insurrectionnelle qui a fait tomber le pays dans la poche de l'iman. Notre peuple n'avait vraiment pas mérité cela, ayant toujours eu de l'amitié pour les Palestiniens.

Il est vrai que le torchon brûle maintenant entre ceux-ci et Khomeiny, car ils préconisent la création d'un Etat laïc, ce qui pour l'ayatollah représente le comble de l'horreur.

Le Chah avait toujours refusé l'ouverture d'un bureau de l'OLP à Téhéran. Devenu premier ministre, j'ai admis le principe d'une représentation de cette organisation, comme il en existe en France et dans d'autres pays. Les choses sont devenues moins simples : le premier gouvernement décent que l'Iran aura, après cette époque de troubles, ne pourra pas ne pas tenir compte du contentieux né de la collaboration entre le mouvement de Yasser Arafat et Khomeiny.

La presse internationale incline à présenter les personnes emprisonnées ou exécutées en Iran comme des moudjahiddines. Cela n'est pas vrai. Il y a des gens qui ont été tués sauvagement, il y en a qui meurent encore chaque jour sans avoir le moindre rapport avec les moudjahiddines.

Khomeiny fait certes la chasse aux moudjahiddines et ne les épargne pas. Pourtant ils étaient reçus naguère par lui à Nadjaf, ils ont assassiné pour lui, pillé des banques, commis de nombreux actes de terrorisme. Pourquoi cette volte-face ? Simplement, un jour les positions se clarifient ; ils se sont retrouvés en face d'un intégrisme qui refuse le communisme. D'un côté l'ayatollah, représentant la mouvance religieuse anglophile à présent bien connue, de l'autre Radjavi, qui incarne un collectivisme brutal très éloigné du communisme à visage humain de Berlinguer.

Quel est l'emblème de ce chef de bande ? Un verset du Coran, une sorte de graphique évoquant la faucille et le marteau, un fusil. L'homme joue sur les trois tableaux. Se parant d'un vernis islamique, il nourrit en réalité des sentiments polpotiens ; pour lui ne compte que la finalité et sa finalité c'est la fin du monde, le nettoyage par le vide. L'exemple du Cambodge est là pour illustrer cette orientation. Avant la chute du régime royal, quand Radjavi et ses amis étaient en prison ou cachés, ils entretenaient aussi des relations avec les feydayines. Qui sont ces feydayines, sinon des agnostiques complets ? Comment ce fait peut-il se concilier avec les rapports que Radjavi gardait d'autre part avec les mollahs ? Peut-on parler de doctrine à son sujet, au milieu de tant de contradictions ?

Les moudjahiddines portent principalement aujourd'hui les espoirs de Moscou. Le parti Toudeh n'a plus aucune chance de séduire les masses, il a laissé un trop mauvais souvenir lors des événements d'Azerbaïdjan en 1946, et sous la présidence de Mossadegh. Les Russes jouent sur d'autres tableaux, parmi lesquels Radjavi. Mon ministre des Affaires étrangères, qui avait été précédemment ambassadeur à Moscou, fut un jour convoqué par Podgorny, alors président du Soviet suprême. La chose était assez insolite pour le surprendre et il s'attendait à un problème de première importance. Or, que voulait de lui le chef de toutes les Russies ? Qu'il rentre d'urgence à Téhéran pour demander au Roi la grâce de Radjavi. Celui-ci avait été condamné à mort par un tribunal militaire avec six de ses compagnons moudjahiddines, qui répondaient à cette époque à l'appellation de « marxistes religieux », pour avoir commis des attentats à la bombe et à la mitrailleuse.

Le Chah, ayant reçu immédiatement son ambassadeur, se montra tout aussi étonné que lui de la requête présentée personnellement par Podgorny. Son premier mouvement fut de la rejeter en disant : « Cela ne les regarde pas. » Puis, ayant réfléchi en faisant les cent pas dans la pièce, il finit par répondre : « Soit ! »

Voilà comment Radjavi vit sa peine commuée en prison à vie, tandis que ses camarades étaient exécutés. Devenu Président du Conseil, j'ai fait procéder à sa libération à la faveur de l'amnistie générale que j'avais prononcée, au même titre que pour les autres détenus politiques. Personne ne le connaissait en Iran, pas même le roi, sous son aspect de chef de mouvement. C'est la presse occidentale qui lui donna corps, ce dont on ne peut guère la féliciter car ce personnage s'est montré particulièrement ignoble même dans sa vie personnelle, prenant la fuite devant Khomeiny en laissant en Iran sa femme et son enfant.

Les moudjahiddines ont donc passé un accord avec les Kurdes, qui se sont opposés au pouvoir de Téhéran dès les premières heures du régime islamique, mais ils n'ont aucune influence sur les tribus en général. Certains Kurdes manifestent un penchant à peine déguisé pour le communisme. Les Kurdes de Ghassemlou disent : « Nous voulons un Kurdistan autonome à l'intérieur d'une fédération ou au sein d'une république iranienne indépendante. » Dans ce combat pour l'autonomie, se décèle le danger d'un Kurdistan qui finirait par se déclarer hors de l'Irak, de la Turquie et de l'Iran ; il glisserait alors, ou se laisserait attirer par l'Union soviétique, avec laquelle ce mouvement a des rapports. Radjavi a passé aussi des accords avec les Baloutches, mais je ne crois pas non plus que cela mène loin, les moudjahiddines n'ayant pas de racines dans le pays.

4.

Une guerre à usage interne

C'est parce que Khomeiny avait été exilé d'Iran qu'il y est revenu avec tambours et trompettes et c'est parce qu'il a vécu son exil en Irak qu'il est parti en guerre contre ce pays. On ne saurait comprendre l'histoire en général, si on ne tient pas compte du rôle qu'y jouent les ressentiments personnels ; dans le cas d'un homme méchant et rancunier comme notre mollah, ce facteur pèse d'un très grand poids.

Il resta donc quatorze ans dans ce pays, à Nadjaf, ville de 125 000 habitants située au sud de Bagdad. C'est aussi une ville sainte, où le clergé chiite fait ses études. M. Khomeiny y remplissait les fonctions d'enseignant, non sans se faire remarquer des autorités civiles, avec lesquelles il n'eut pas toujours des rapports faciles. On en devine les raisons. Il affirmait, avec la morgue qu'on lui connaît, que politique et religion ne peuvent être dissociées et donc que la séparation de droit ou de fait, dans un Etat, entre le spirituel et le temporel doit disparaître, au profit bien entendu du spirituel. Je n'ai jamais compris ce qu'est le baasisme ; je sais pourtant qu'il s'agit d'un nationalisme arabe de gauche, vaguement socialisant, s'exprimant à travers un parti unique. Une doctrine qui, par conséquent, ne correspond pas à mes idéaux de social-démocrate. Je n'aurais pas l'idée pour autant d'imposer mes conceptions au peuple irakien, lequel a le droit d'avoir la forme de gouvernement qu'il désire.

Khomeiny ne l'entendait pas de cette oreille ; le système politique qu'il n'approuvait pas, il voulait le détruire. Plusieurs fois, le gouvernement baasiste le pria de quitter le territoire irakien.

Il se présenta alors à la frontière du Koweit, qu'on ne lui laissa pas franchir. Je suis sûr que, dans l'immense majorité des pays musulmans, il en aurait été de même. C'est pour cette raison qu'il est allé demander asile à la France.

Ses déboires lui avaient fait concevoir une haine farouche envers l'Irak qui l'avait chassé. Six mois après son retour à Téhéran, il passait à la vengeance, plat qui au goût de Khomeiny se mange de préférence chaud. Il y trouva toutes les justifications possibles :

1. Les pauvres, en Irak, sont chiites comme lui ; les chiites y sont d'ailleurs majoritaires, avec 55 % de la population, contre 45 % aux sunnites.

2. L'Etat baasiste est laïc, il n'a donc droit à aucun ménagement.

3. S'en prendre à l'Irak, en tournant contre lui les armes les plus meurtrières, entre dans le cadre d'une croisade à laquelle ne peut que se livrer avec un enthousiasme sacré l'Islam dominateur.

On dira à juste titre que c'est l'Irak qui a déclenché cette guerre cruelle, stupide et dangereuse. L'Irak, en droit courant, est l'agresseur. Mais qui l'y a poussé, voire contraint, sinon le mollah qui envoyait ses émissaires, ses tueurs et de l'argent pour déstabiliser notre voisin de l'ouest ? La présence de deux communautés religieuses constitue pour celui-ci un problème constant ; les agents de Khomeiny, dressant la majorité chiite contre le gouvernement, le mettait en péril.

Au surplus, Saddam Hussein ne pouvait accepter qu'un gouvernement étranger veuille imposer chez lui une collusion entre religion et politique. Chaque peuple a sa propre vision des choses en cette matière, sa propre culture, sa religion ou ses religions. Il est rare, au XXe siècle, qu'un pays change de religion et si la force qui prétend l'y contraindre vient de l'extérieur, son devoir est de se défendre. Chercher à exercer une influence, faire de la propagande, du prosélytisme, c'est légitime, mais mener des actions dures au mépris du droit des Etats pour détourner un pays de sa voie propre,

207

relève d'une prétention intolérable. C'est pourquoi je comprends Saddam Hussein, tout en déplorant la blessure supplémentaire imposée à mon pays par cette guerre stupide.

Les causes de conflit pouvant exister entre l'Iran et l'Irak avaient été supprimées, comme l'on sait, en 1975, par le Traité d'Alger. A l'origine, une affaire de frontières mal réglée par Reza Chah. Un ami, ministre des Affaires étrangères à l'époque, qui devint par la suite mossadeghiste, me raconta un jour une conversation qui avait été tenue par Reza Chah, Nouri Saïd et le président du Conseil iranien. Nouri Saïd utilisa toutes les ressources de sa roublardise pour arracher au roi une souveraineté qui ne se justifiait en aucune façon et obtint pour son pays le Chatt-el-Arab. La présence des Anglais en Irak n'était pas sans faciliter les négociations qu'il menait âprement.

La politique de Mohammad Reza Chah consista, vis-à-vis de nos voisins, à obtenir ce qui, selon les normes internationales, revenait à l'Iran. Les accords d'Alger, signés à l'occasion de la conférence sur le pétrole, ne furent donc qu'une normalisation. Les eaux territoriales furent partagées selon la ligne médiane.

Tout le monde ne pouvait que s'en féliciter, hors Khomeiny, qui ne pouvait admettre un tel traité pour la simple raison qu'il avait été négocié sous l'égide du Chah. Il commença à dire qu'il ne le reconnaissait pas et cette attitude était d'autant plus illogique qu'une autre clause donnait la faculté à 10 000 Iraniens de se rendre chaque année en pèlerinage à Nadjaf. C'est grâce à cette disposition que l'iman avait pu envoyer ses acolytes, pendant cinq ans, dans tous les centres du pays où il voulait soulever le petit peuple. Mais cet illogisme apparent cachait un calcul cynique : après avoir bénéficié de l'accord, il allait tirer parti de sa dénonciation pour engager une guerre qui détournerait l'attention du peuple des difficultés intérieures. Remède éternel à l'incapacité, qui a causé de si nombreux conflits dans l'histoire récente qu'il n'est pas utile d'épiloguer plus longuement sur ce point.

Parallèlement à l'action psychologique des agents khomeynistes sur le territoire irakien, la radio iranienne insultait à longueur de programme le gouvernement baasiste. L'iman traitait Hussein de « mégalomane », d' « infidèle », d' « agent de l'impérialisme ». Il faisait des déclarations du style suivant :

« Saddam Hussein doit quitter le pouvoir, il doit laisser aux Irakiens le droit de déterminer librement leur destin... Il est du devoir de tous les musulmans de lutter contre le régime de Bagdad, d'aider le peuple irakien à se libérer de l'oppression baasiste. »

On le voyait aussi accueillir d'une manière spectaculaire celui qui, selon ses vœux, devait succéder au président Hussein : l'ayatollah Sayed Mohammed Hakim. Khomeiny pensait à tout : le destin du peuple irakien, c'est lui qui le réglait souverainement. Comme il était arrivé à ses fins en Iran et que d'ailleurs pour lui Iran et Irak ne font qu'un, dans le vaste sein de l'Islam, les Irakiens ne pouvaient prendre ces démonstrations à la légère. Ils les tolérèrent quelques mois puis passèrent à l'offensive. Malheureusement, l'Irak dut attaquer l'Iran et cela pour plusieurs raisons :

— Il voulait sauver son prestige aux yeux du monde arabe.

— Il voulait écarter le grand souffle subversif qui le menaçait.

— Il s'est trouvé des influences extérieures pour pousser imperceptiblement les deux adversaires à la guerre.

Les petits Etats du golfe Persique n'avaient pas la possibilité de rester indifférents. Ils se faisaient la réflexion que, si Khomeiny devenait maître de l'Irak, leur position serait critique. L'alternative qui se posait à eux était simple : aider l'Irak ou composer avec l'ayatollah.

Quant à l'Occident, les USA les premiers, il espérait composer avec Téhéran, allant jusqu'à empêcher les petits Etats du golfe Persique d'aider financièrement ou par d'autres moyens ceux qui comme moi combattaient Khomeiny. On leur disait : « Ne vous occupez pas de cette affaire, vous allez vous attirer des ennuis ; on réglera la question plus tard. »

Ayant expliqué ci-dessus mon sentiment, à savoir que la guerre déclarée par l'Irak a été le résultat des provocations de Khomeiny, je dirai maintenant comment, dans la mesure de mes moyens, j'ai tenté de l'empêcher. J'ai eu, avant le début des hostilités, des discussions avec le gouvernement irakien et avec son représentant. Ce sont eux qui ont pris contact avec moi. Je les ai invariablement mis en garde contre une guerre avec l'Iran. L'atmosphère étant devenue irrespirable pour eux, je leur ai conseillé plutôt d'isoler Khomeiny et de l'abattre.

Que gagneraient-ils dans semblable aventure ? L'effet ne pouvait qu'être contraire à celui qu'ils escomptaient : même les opposants au régime dictatorial de l'iman se rangeraient sous sa bannière pour repousser l'invasion étrangère. La guerre de défense nationale renforçait le régime par le fait même et n'était une bonne affaire pour personne. J'ai exposé ce point de vue dans mes communiqués successifs et, encore une fois, les choses se sont déroulées selon mes prévisions.

Depuis la guerre, mes rapports avec les dirigeants de l'Irak ont cessé, bien entendu, sans que pourtant je sois devenu leur ennemi. La presse française a écrit que j'ai été décontenancé par les événements. C'est vrai et je ne pense pas non plus que de Gaulle ait sablé le champagne, le soir où la flotte française fut anéantie par les Anglais à Mers-El-Kébir. Il est des circonstances où, s'étant dévoué à un idéal, il faut savoir avaler des couleuvres.

Lorsque Khomeiny obtint ce qu'il cherchait, l'affaire des otages était terminée, il n'avait plus de « grand Satan » américain pour exciter ses troupes, le « Satan adolescent » qu'est pour lui la France n'offrait pas d'utilisation immédiate. Il devait coûte que coûte trouver un alibi ; si quelqu'un lui reprochait la disette, la désorganisation générale, les rigueurs de sa justice, il pouvait répondre : « Que voulez-vous, nous sommes en guerre ! C'est la guerre de l'Islam contre les infidèles. Cela exige des sacrifices. »

D'autre part, une contestation était apparue dans les rangs des forces armées, qui avaient toutes les raisons du monde de détester l'ayatollah. Décapitées, malmenées, démantelées, terrorisées, elles ne devaient leur existence qu'au fait qu'il avait besoin d'elles ; elles pouvaient, le jour venu, prendre, dans l'hypothèse d'un grand mouvement populaire, une position anti-khomeinyste, ce qui serait tout à leur honneur.

Supprimer l'armée était impossible, la lancer dans la guerre l'empêchait de penser à autre chose. Elle ne pouvait quand même pas songer, cette fois, à déclarer sa neutralité.

Cette guerre à usage interne est stupide comme toutes les guerres, plus encore s'agissant de l'Irak, qui n'a jamais constitué, et pas plus aujourd'hui, un danger pour nous. Nous faisons partie d'une même communauté pétrolière et nos intérêts économiques dépendent les uns des autres. Si le régime politique irakien est à ce point insupportable à Khomeiny, il devrait savoir que l'on peut tout changer, mais ni son père, ni sa mère, ni dans la majorité des cas son voisin. Il est vrai que cette vérité première n'est peut-être pas écrite dans ses sourates ou du moins pas dans celles sur lesquelles il veut régler sa conduite.

5.

Le chiisme en question

L'Iran fait partie du monde musulman. Pourtant il vit, depuis deux siècles, au moins, selon une séparation de fait entre la religion et l'Etat. Les mollahs exerçaient une influence plus ou moins grande suivant la personnalité du roi ; mais ils n'aspiraient pas à devenir généraux, ministres ou gouverneurs de province. Le fait nouveau, c'est que l'un d'eux s'est mis en tête de réunir dans sa main la réalité de tous ces pouvoirs.

Khomeiny est-il un bon musulman ? Je n'en jurerais pas et suis en mesure — je le fais parfois — de citer des versets du Coran en contradiction avec ce qu'il prétend déduire de la parole du Prophète.

Les vicissitudes que connaît notre pays auront eu un avantage, celui d'apprendre à une foule de gens qui l'ignoraient l'existence du chiisme. Lorsque notre ayatollah parle de l'Islam universel, quand il dit : « l'Iran n'existe pas, il n'y a que l'Islam ; je passe la frontière et je le retrouve encore », il n'a pas tout à fait tort. Et cependant les Irakiens lui répondent : « Nous sommes des Arabes et vous êtes des Iraniens, retournez chez vous », propos que nous pouvons leur retourner avec autant d'exactitude.

Avant la guerre sainte prêchée par le Prophète, il y avait déjà la Perse, elle était même fort ancienne. Lorsque l'iman a envoyé des bulldozers pour renverser les ruines de Persépolis, des foules sont allées l'en empêcher, des manifestations monstres se sont organisées. Cet épisode prouve que le peuple réagit avec ses instincts profonds et qu'il est capable de défendre une culture qu'il a perdue.

L'Islam s'est superposé à des croyances, à des traditions qui existaient avant lui, qu'il n'a su balayer, pas plus que le christianisme n'a fait table rase du paganisme antique. J'en donnerai deux exemples.

Dans la tribu d'où je viens, forte dans les temps contemporains d'un million et demi de membres, la difficulté des communications a considérablement réduit les contacts avec le monde arabe. Vivant, d'autre part, à l'écart des grandes villes, les gens ont gardé leurs croyances zoroastriennes en les juxtaposant à la religion nouvelle. Autrefois, les lois islamiques n'étaient appliquées que dans la mesure où elles s'accordaient avec les habitudes, les mœurs et les traditions de la tribu. L'opposition demeure entre l'Islam et la vieille culture nationale.

L'autre exemple, c'est celui des mollahs d'origine iranienne, des philosophes et des penseurs qui ont dit ce qu'un musulman sincère ne peut considérer que comme une hérésie ou un blasphème : « Nous avons pris du Coran ce qui est essence et substance et nous avons rejeté le reste pour les voyous [1]. » Ils ont extrait le noyau et rejeté l'écorce, gardé ce qui leur convenait. Ce choix a conduit les penseurs iraniens vers le soufisme.

Il s'agit là certes d'une minorité, d'une élite si l'on veut, fervente de l'œuvre monumentale du grand poète Djalal-ed-Din Roumi. Pour ce qui est de la religion que l'on peut qualifier d'officielle, la religion pour laquelle Hoveyda a fait construire plus de mosquées qu'il ne s'en était élevé en cent ans, ce dont le nouveau maître de l'Iran ne lui a témoigné aucune reconnaissance, cette religion a pris une forme qui la distingue du reste de l'Islam : tandis que la plupart des Arabes sont sunnites, les Iraniens pratiquent le chiisme depuis le XVIᵉ siècle. Dans la succession de Mahomet, ils se réclament d'Ali, gendre et cousin du Prophète. On a trouvé, selon une formule courante, des textes disant que celui-ci avait désigné Ali comme son successeur. Etant moi-même de

1. Djalal-ed-Din Roumi.

famille chiite, quoique laïc, et connaissant un peu ces choses, je puis affirmer que cela n'est pas vrai. Mais Ali venait à point pour que nous nous démarquions des peuples arabes et résistions à l'invasion.

Le chiisme est par conséquent d'origine nationaliste. En opérant la sécession, nous nous donnions les gants de prendre le parti du faible contre le fort et nous nous assurions une plus grande légitimité : Mahomet n'ayant pas eu de fils, Ali avait sur Abü Bakr, qui n'était que son beau-père, l'avantage d'être du même sang que le fondateur de l'Islam.

Pendant les deux premiers siècles de l'ère musulmane, l'Iran dépendait directement du Kalife et n'avait pas de monarchie propre. Possédant une civilisation très supérieure, il fournissait au Kalife ses fonctionnaires ; l'administration et le gouvernement étaient assurés par des Iraniens ; on écrivait même en persan. Les Arabes se sont mis à l'école de ceux-ci.

Les Amavides étaient à Damas et les Abassides à Bagdad. N'étant pas pourvus d'une organisation à la romaine, ils ne dirigeaient pas aisément l'Iran, qui en profitait pour faire preuve d'indépendance. On peut établir un amusant rapprochement entre les premiers temps du chiisme et les opposants à Khomeiny pendant la présidence de Bani Sadr. Ceux qui voulaient manifester ne criaient pas « A bas Khomeiny » et pas plus « Vive le roi » ou « Vive Bakhtiar », auquel cas ils ne seraient déjà plus de ce monde. Ils criaient « Vive le président de la République » et on ne pouvait pas leur reprocher d'acclamer ainsi l'enfant spirituel de l'ayatollah. Nous avons fait la même chose au XVIᵉ siècle, nous avons crié : « Vive Ali » et qui pouvait se scandaliser de nous entendre honorer un des « quatre piliers de l'Islam » ? C'était une manière de protester contre l'empire arabe. Le chiisme a sauvé le nationalisme iranien. Le problème actuel est d'empêcher qu'il ne prenne sa revanche sous la forme du panislamisme khomeyniste.

Mais ce que nous apporte le prétendu ayatollah n'est, en fait de religion, que le côté le plus mesquin, le plus rétrograde, le plus malsain. L'arme la plus efficace que nous avions contre lui était son propre livre, le *Livre des préceptes,* qui a été diffusé dans le monde entier et l'est maintenant en Iran à des centaines de milliers d'exemplaires. Le Chah l'avait interdit ; c'est une faute de tactique. L'image qu'il nous donne du personnage constitue le repoussoir le plus efficace. Il fallait au contraire le répandre massivement, le faire lire à tout le monde ; mon idée a toujours été de laisser dire et écrire aux gens toutes les sottises qu'ils veulent ; le public finit toujours par comprendre.

L'ignorance, la platitude, l'archaïsme des propos de Khomeiny éclatent à chaque page. C'est une insulte perpétuelle au sens commun et à la décence.

Ignorance : l'ayatollah fait vivre Empédocle sous le règne de David alors qu'il y a entre eux environ cinq siècles. Du haut de mon ignorance, cinq siècles vous contemplent ! Il attribue un roi à la Grèce en plein ve siècle avant J.-C. et définit le philosophe comme un « grand théologien » et un martyr de la foi, qui « essaya de convaincre les gens de n'adorer d'autre Dieu que le vrai », et après avoir circulé dans l'Histoire comme à travers le Palais des glaces, il tire cette magnifique conclusion : « Malheur à nous, musulmans, d'être si intimidés par l'Occident, que nous prenions à la légère nos propres connaissances auxquelles ces Occidentaux n'auront pas accès avant mille ans ! »

Ces grossières confusions mêlées de fatuité peuvent n'être pas sensibles à la masse, mais qui ne butera, après de répugnantes démonstrations sur l'art de déféquer et de forniquer, sur des passages de ce genre :

« Il faut châtier les fautes par la loi du talion : couper la main du voleur, tuer l'assassin et non pas le mettre en prison, flageller la femme ou l'homme adultère. Vos égards, vos scrupules " humanitaires " sont plus enfantins que raisonnables. »

« La justice islamique est basée sur la simplicité et la facilité. Elle résout tous les différends d'ordre pénal ou civil de la façon la plus commode, la plus élémentaire et la plus rapide qui soit. Il suffit d'un seul juge islamique se rendant dans une ville, accompagné de deux ou trois exécuteurs, d'une plume et d'un encrier, pour rendre son jugement sur n'importe quel cas et le faire mettre immédiatement à exécution. »

L'homme le plus simple aurait compris, en lisant ces lignes, ce qui l'attendait et, en apprenant que « n'importe quel juge réunissant sept conditions : être pubère, croyant, connaître parfaitement les lois coraniques, être juste, ne pas être atteint d'amnésie, ne pas être bâtard ou de sexe féminin » peut rendre la justice en n'importe quel cas, aurait arrêté aux frontières le forcené prétendant que, de cette façon, il est possible de « régler en un seul jour vingt procès différents, quand la justice occidentale met plusieurs années à les aborder ». Le pire ennemi de l'Occident aurait préféré aller se faire juger à Londres ou à Paris que de risquer sa tête dans de telles conditions.

Qui n'aurait taxé d'enfantillages des propos comme celui-ci : « Nous affirmons avec force que le comportement honteux qui consiste à refuser le port du voile est une atteinte matérielle et morale pour le pays entier. Nous affirmons que l'usage ridicule du chapeau occidental est pour les musulmans une honte qui entrave notre indépendance et est contraire à la volonté de Dieu » ? Ou encore : « Six principes sont à observer quand on boit de l'eau a) l'aspirer et non pas la boire par gorgées, b) boire debout, c) invoquer le nom de Dieu avant de commencer à boire et après, d) boire en trois temps, e) boire de son plein gré, f) se remémorer le martyre de Hazrat Aba Abdollah et de sa famille et maudire leurs assassins après avoir bu. »

Autre divagation : « On empêche un jeune garçon ou une jeune fille en pleine effervescence sexuelle de se marier avant sa majorité légale. C'est aller à l'encontre des lois divines. Pourquoi empêcher le mariage des filles et des garçons pubères, sous prétexte qu'ils ne sont pas encore majeurs ? » Dans un pays à forte natalité comme le nôtre, dont 51 % de la population n'a pas plus de vingt ans, c'est une aberration que de vouloir à tout prix abaisser encore la moyenne d'âge. Les enfants de l'ayatollah, qui les nourrira ?

Si des centaines de milliers d'exemplaires du *Livre des préceptes* avaient été répandus à temps, si on en avait lu des extraits à la radio, les Iraniens se seraient certainement méfiés d'un individu qui prétendait leur apporter bonheur et liberté en les empêchant de se raser le visage, de regarder une statue « d'une façon sensuelle ou lubrique » et de « jouer du tambour dans les compétitions sportives ».

La littérature reflète les sentiments profonds d'une nation. La nôtre est imprégnée d'anti-cléricalisme et notre poésie contient de nombreuses pointes contre les mollahs. Cela tient au fait que nous sommes plus Iraniens que musulmans et aussi à la mémoire collective : il est notable que chaque période de décadence de notre nation a pour cause l'action des mollahs, depuis la liquidation de l'empire sassanide par les combattants de la nouvelle religion. On trouve les mollahs à l'origine des démêlés des Ghadjars avec la Russie tsariste ; ceux de Tabriz recevaient de l'argent du tsar, ils fomentaient leurs projets, la nuit, avec le consul russe. Le résultat a été la perte par l'Iran de deux provinces, dont l'Azerbaïdjan aujourd'hui soviétique. Dès la disparition de Reza Chah, les mollahs, qui avaient subi une éclipse, reprennent le dessus. Ils lient une entente avec le pouvoir, jusqu'au jour où Khomeiny refuse la réforme agraire et l'octroi du droit de vote aux femmes. Mohammad Reza Chah et Hoveyda leur distribuaient pourtant largement l'argent de l'Etat.

Un épisode mal connu des liens qui existaient entre le Chah et les dignitaires chiites est l'histoire de l'ayatollah Emam Sadr, disparu entre Rome et Tripoli, quelques mois avant l'arrivée de Khomeiny à Téhéran. On a parlé d'un « ayatollah libanais », mais Sadr était aussi iranien que je le suis moi-même. Il avait été envoyé au Liban pour remplir une mission secrète et avait même pris la nationalité du pays qui l'abritait, pour y travailler plus à son aise. On sait que le Liban possède la troisième concentration chiite la plus importante du monde, après l'Iran et l'Irak.

Le roi rêvait de rassembler les trois pays (c'était avant les accords d'Alger) en une grande fédération, sous sa houlette. Sadr devait permettre aux chiites libanais de dire qu'ils étaient soutenus par une grande puissance de la même confession. Les détails de la mission furent réglés par la Savak, comme il se doit. L'envoyé spécial avait une influence certaine dans le pays. Il y vivait fort bien et puis tout s'est gâté à propos d'un chèque de 500 000 dollars que devait, je pense, lui remettre le Chah. Il a rompu avec celui-ci et s'est mis à le critiquer ouvertement.

Les enquêtes n'ont pas éclairci le mystère de sa disparition. Les uns disent que Khomeiny, avec lequel il était cependant lié, puisque sa nièce était mariée au fils du mollah de Nadjaf, a voulu faire disparaître un concurrent potentiel. Pour d'autres, les Sunnites, à qui sa popularité portait ombrage, l'ont fait liquider par Khadafi. En tout cas Khomeiny a demandé au président libyen où était Sadr et ne l'a pas autorisé à venir par la suite en Iran, comme le projet en avait été formé.

Une chose est certaine, c'est que l'organisme paramilitaire baptisé Amal, c'est-à-dire « Désir », créé dans le sud du Liban et subventionné par Khomeiny, dépendait d'Emam Sadr.

Cet Amal était constitué de chiites et de moudjahiddines, des volontaires, exaspérés par la dictature du Chah. Ils combattaient, s'entraînaient avec les Palestiniens et poursuivaient leur formation en Libye et même, pour quelques-uns, en Chine. Devenus professionnels du terrorisme, ils venaient en Iran mettre en pratique ce qu'ils avaient appris.

Il y avait chez eux un mélange très compliqué d'Iraniens, de chiites libanais, de sunnites, de Palestiniens. Aussi est-il difficile de parler d'une présence massive de ces derniers en Iran avant Khomeiny. Après le départ de mon gouvernement et pendant des mois, ils ont eu, en revanche, un rôle important dans les arrestations et les exécutions sommaires. Ils ont lutté contre la Savak et tout ce qu'il en restait, contre les officiers, contre l'armée en général, jouant pendant un temps le rôle de fer de lance du gouvernement islamique. On les reconnaissait à ce qu'ils ne parlaient pas l'iranien, ou à leur accent.

6.

Le sourire de Sadate

Dans les premiers temps de la parenthèse Khomeiny, que j'appelle la parenthèse noire en aspirant de toute mon âme au jour où on la refermera, dans les premiers temps donc, l'opposition n'existait pas. Quelles étaient ses composantes virtuelles ?

Il y avait les gens compromis avec le régime précédent et qui avaient le plus grand intérêt à ce qu'il subsiste ou revienne. On peut ranger dans ce groupe certains agents de la Savak et les courtisans, tous ceux qui avaient amplement profité de la situation politique antérieure et s'étaient comportés comme des magnats de la corruption. Ceux-là n'osaient pas s'opposer à l'ayatollah, qu'ils avaient les plus grandes raisons du monde de redouter. Ils se taisaient prudemment, se faisaient tout petits.

Deuxième groupe, celui de la bourgeoisie que l'on peut qualifier d'innocente, une bourgeoisie apolitique n'aspirant qu'à faire du petit ou du grand business et surtout du petit, le grand étant réservé aux courtisans. Ces gens attendaient, se disant : « Peut-être cela ne nous concerne-t-il pas. Alors, pourquoi nous faire entendre, pourquoi crier ? »

Venaient ensuite les intellectuels, les gens de la gauche assermentée ou de la gauche indépendante, les libéraux, certains nationalistes, les centristes. Ils avaient commencé par voir en Khomeiny un sauveur, avaient hurlé dans les rues, soutenu le nouveau système sans le comprendre très bien, car il ne brillait pas, c'est le moins que l'on puisse dire, par sa clarté. Revenus de leur illusion, ces naïfs d'un autre genre avaient honte de décrier ce qu'ils avaient encensé, de confesser qu'ils s'étaient trompés.

S'il y avait d'autres catégories conscientes du désastre, elles devaient parler trop bas pour que l'on perçoive leurs critiques. Lorsque j'élevais la voix pour dénoncer le caractère néfaste des nouveautés imposées par Khomeiny à l'Iran, et je l'ai fait d'une façon répétée, sans précautions oratoires, je criais dans un désert privé d'écho.

Il n'y avait ni opposition ni dissidence ; puis, lorsque les choses se sont mises au pire, quand l'Iran a sombré dans le chaos, c'est une dissidence et non une opposition qui est apparue.

On a vu alors prendre leurs distances les moudjahiddines, les Madani, les Bani Sadr, des gens qui avaient été à des degrés divers les collaborateurs de Khomeiny pendant des mois et même des années, occupé pour certains d'entre eux des postes importants. N'ayant pas eu, lorsqu'ils étaient en place, la force et le courage de le faire, ils ont commencé à évoquer le libéralisme, le nationalisme. Presque tous ont été chassés par l'homme au turban.

La petite et moyenne bourgeoisie, plus ou moins compromise mais n'ayant pas collaboré avec lui, continuait à se complaire dans l'attentisme. Le prototype en est Amini qui, à l'abri pendant deux ans, s'est bien gardé de protester contre les exactions.

On peut en dire autant de certains généraux, réfugiés en Amérique ou en Europe. Tous ne sont pas corrompus, tous n'ont pas applaudi l'iman. Mais ils ne se souciaient pas de l'avenir du pays, ils ne pensaient qu'à leurs pensions. Certains vivotent, d'autres mènent une existence de pachas dans le midi de la France ou en Californie. De temps en temps, la nostalgie les envahit, ils pleurent sur le sort de l'Iran. Mais au moment où il était utile qu'ils pleurent et serrent les poings, ils n'ont rien fait.

Il serait injuste de mettre tout le monde dans le même sac, mais si l'on veut tenter une analyse du phénomène dissidence, on remarque que, dans l'ensemble, ces messieurs ont agi au début par égoïsme, souci de leur cas personnel, jalousie de leurs prérogatives. Des rivalités se sont révélées ;

les dissidents se sont manifestés indépendamment les uns des autres comme si chacun voulait jouer tout seul le rôle de sauveur de la patrie.

Une observation capitale est à faire à ce sujet : ce sont les grandes puissances qui ont favorisé cette floraison. Elles répétaient à qui voulaient les entendre : « Messieurs, unissez-vous, il faut que vous soyez unis : l'unité seule peut donner des résultats tangibles. » Mais dans le même temps, elles prenaient contact avec l'un et l'autre et chantaient une autre chanson : « Ne hasardez pas votre crédit politique dans des combinaisons sur lesquelles vous n'avez pas d'informations suffisantes, mettez-vous en réserve. »

En réalité, ni les Etats-Unis ni l'URSS, car c'est de ces nations que je parle plus précisément, ne souhaitent une unification de l'opposition. Tout le reste est hyprocrisie.

Le grand malheur de l'opposant, c'est de ne pas être assez fort économiquement, politiquement ou militairement. De Gaulle a connu ce dénuement. L'Angleterre, l'URSS, les Etats-Unis essayaient d'avoir pour allié celui qui demain serait utile à leurs intérêts. Mais il ne fallait pas qu'il gagne en puissance, car il devenait un rival.

Nous subissons le même phénomène. Si je puis donner un conseil aux Iraniens, c'est de trouver en eux assez de force et de conviction pour reconquérir leur pays, sans compter sur le feu vert d'une puissance ou l'argent d'une autre. En ce qui me concerne, je n'ai jamais eu d'illusions à ce sujet.

Les grandes puissances exercent sur le tiers monde une pression psychologique considérable. Elle a pour origine cette idée complètement fausse, accréditée par la guerre du Vietnam, par celle d'Algérie, qu'une chose ne se réalise pas tant que les deux Grands ne l'ont pas souhaitée.

En conséquence, les efforts d'un groupe, d'un parti politique ne servent à rien, les superpuissances s'étant partagées le monde. On entend paraphraser mélancoliquement Hamlet : « Yalta or not Yalta. » Pour les uns il faut « absolument sortir de Yalta », pour les autres il faut s'y résigner ; c'est ce fatalisme moderne qui détourne de penser que les peuples peuvent, en luttant, arriver à quelque chose. Les exemples ne manquent pas. Pourtant, ce dont il faut sortir, c'est du dilemne abusivement opposé au courage et à l'énergie créatrice.

Lorsque je cherche, dans notre monde contemporain si avare en grands caractères, la figure d'un homme montrant l'indépendance d'esprit et le courage nécesaires aux peuples du tiers monde, je trouve Anouar el-Sadate. Je suis allé le voir après mon arrivée en France, j'ai été frappé par son sourire et sa franchise ; il était aussi naturel qu'il est possible, un naturel qui vous désarmait. Il a tendu les mains vers moi en s'écriant :

— Je suis vraiment heureux de te voir.

Et j'ai su que c'était vrai, qu'il parlait en toute sincérité ; je n'ai jamais été accueilli de la sorte dans le cours de ma vie par un chef d'Etat. Je lui ai dit alors une chose qui lui a plu et qui était aussi la pure vérité :

— Vous êtes parmi les rares chefs d'Etat vivants à avoir fait la presque unanimité des Iraniens. Vous savez, il existe en gros deux clans : les royalistes et les anti-royalistes. Les royalistes ont de multiples raisons de vous admirer, d'éprouver des sentiments de gratitude envers vous. Les autres admirent votre courage, votre fidélité, la façon dont vous prenez des risques. Vous faites, si je puis reprendre le mot de Pétain, le « don de votre personne », quand vous allez bravement en Israël ou quand vous recevez le roi, alors que personne ne veut de lui. Même les adversaires du roi savent ce que cela signifie.

Mohammad Reza Chah, au moment de cette rencontre, n'était plus de ce monde. Sadate, que j'ai revu, m'a fait à deux reprises et dans des circonstances différentes, une confidence que je révèle ici pour la première fois :

— Un jour, j'ai dit à Mohammad : « Faites venir votre aviation sur les différentes bases d'Egypte, je vous donnerai toutes les facilités. Faites-la venir, si vous pouvez, avec le maximum de pièces de rechange, toutes celles qu'ils pourront emporter. Si vous devez faire quelque chose pour retourner en Iran, vous savez que votre aviation est la première avec celle d'Israël. »

« Alors, continue Sadate, il est devenu rêveur. Comme, au bout de quelques minutes, il n'avait toujours pas répondu, je suis revenu à la charge. Pourquoi ne voulait-il pas envisager ce transfert, qui serait pour lui la meilleure des garanties ?

Le roi sortit enfin de son silence et laissa tomber ces mots :

— Si vous croyez que cette aviation dépend de moi !

Aveu terrible qui explique pourquoi Khomeiny a pu accaparer l'Iran. Mais de qui dépendait donc l'armée ? Lorsque le premier ministre que j'étais avait donné l'ordre de bombarder les stocks de munitions de Khomeiny, cet ordre n'avait pas été éxcuté. Si l'aviation avait été commandée par des chefs choisis avec soin, ayant le sens du devoir, la catastrophe aurait été évitée.

Anouar el-Sadate, avec sa lucidité et le sens des réalités qui était le sien, venait d'une simple question mettre en lumière un point essentiel de la crise.

7.

On entend craquer
le fragile édifice

Il y a un adage qui circule en Iran : « Quand un dictateur accède au trône, il retire l'échelle ; certains restent avec lui, mais il les jette en bas quand il lui plaît. » Nous n'avons pas cessé de constater la justesse de ce propos. La valse des présidents de la République et des premiers ministres s'explique du fait que ces messieurs sont des instruments de la dictature, mais au surplus d'une dictature imparfaite. L'état qui règne en Iran est un état d'anarchie.

On parle d'anarchie lorsqu'il n'y a pas un centre unique de décision. C'est le cas. L'anarchie ne provient pas de ce que l'ayatollah ne soit pas assez fort mais de son échec économique monumental. Il n'a pas réussi à offrir à la majorité de nos concitoyens quelque chose de positif, d'acceptable. Quant à la lutte qui l'a opposé, par exemple, à Bani Sadr, elle n'est pas une lutte constitutionnelle. C'est une lutte pour le pouvoir et en arrière-plan, un affrontement entre, d'une part l'intégrisme conforme aux idées fondamentales de Khomeiny, d'autre part une attitude qui consiste à reprendre ces mêmes idées en y ajoutant un vernis pour faire avaler la pilule.

La lutte entre intégristes et modernistes n'a donc pour moi aucun sens. Celui qui se dit favorable à une libéralisation est le même homme qui a présidé le Conseil de la révolution et ordonné des centaines d'exécutions : comment lui accorder quelque crédit ? Comment peut-il apparaître comme un recours dans un avenir proche ou lointain ? Les gens de cette sorte, bien qu'ils éveillent une certaine sympathie dans les milieux intellectuels et chez certains journalistes occidentaux, sont inaptes à résoudre le problème iranien. Ils ne sauraient inspirer confiance. Il faut chercher ailleurs.

Car tout cela doit finir. Les avis divergent sur la façon d'y parvenir. N'a-t-on pas vu un Ghotbzadeh, ministre des Affaires étrangères privé de son emploi à la chute de Bani Sadr, déclarer : « Le prochain gouvernement ne pourra se maintenir que par la répression... Si la population ne se révolte pas aujourd'hui, c'est qu'elle a confiance en l'iman, mais quand ce dernier nous quittera, ce qui arrivera bien un jour, elle écrasera les oppresseurs. » Je ne partage pas cette analyse, que je trouve surprenante dans la bouche d'un personnage qui fait partie des oppresseurs, et je dis : non, nous ne pouvons attendre cette échéance !

D'autres estiment que la désagrégation des pouvoirs publics, les pratiques de la police et de la justice, la paupérisation galopante provoqueront un sursaut populaire. Dans une certaine mesure, je crois cela possible ; nous sommes agonisants mais, pour emprunter une phrase aux *Nourritures terrestres :* « J'ai repris connaissance, je n'étais pas mort, j'avais une vigueur extraordinaire en moi, je m'accrochais à la vie. » L'Iran appartient à 36 millions d'habitants, il est difficilement pensable qu'un mollah le leur confisque indéfiniment. Il n'en reste pas moins que ce sursaut doit être provoqué ; nous ne pouvons fermer les yeux et attendre un miracle.

L'Iran repartira pour une jeunesse nouvelle grâce à quelques milliers de personnes, peut-être 30 000, parmi lesquelles les médecins, les ingénieurs, les chefs d'entreprise, les technocrates. Nous sommes le pays du Moyen-Orient le plus riche en diplômés. 2 à 300 000 personnes ont atteint le niveau de la licence et du doctorat, nous n'avons pas que d'éternels étudiants palabreurs. Une fuite des cerveaux s'est produite et intensifiée ; ces gens-là ne peuvent collaborer ni avec un Bani Sadr ni avec les intégristes. Pour que l'Iran retrouve son élite, il faudra restaurer la confiance.

Le pays comprend plus de 55 % d'analphabètes, nous devons nous reposer sur l'élite, les cadres dans l'acception la plus large du mot.

La question que l'on me pose souvent est : « Envisagez-vous votre retour au pouvoir ? » A quoi j'aime répondre que c'est un problème secondaire, négligeable même par rapport à l'ensemble. Cela précisé, il est incontestable que je détiens une légitimité. Un premier ministre qui ne se démet pas de ses fonctions, qui est chassé par une émeute, le reste même si derrière lui on a brutalisé la Constitution, nommé sans fondement juridique un autre titulaire, puis dénaturé l'Etat de façon arbitraire.

Au-delà de cet aspect légaliste, il est important de savoir à quoi aspire le peuple. On entend de partout craquer le fragile édifice mis en place par Khomeiny ; j'ai appris que sur les billets de banque qui circulent, on écrit « Bakhtiar ». Aux heures où je diffuse mes messages, les rues se vident, les gens rentrent pour écouter la radio dans le secret de leurs domiciles. Je pense que la sympathie et la confiance qui se portent sur mon nom vient de ce que j'ai été le premier à annoncer ce qui se passerait.

Hélas ! Il ne paraît pas raisonnable d'espérer que Khomeiny et tous ceux qui ont commis tant de crimes, fait tant de mal, s'en aillent sans faire verser beaucoup de sang. Car le sang est leur élément. Le 12 octobre 1981, Amnesty-International, qui fut si long à réagir, diffusait le communiqué suivant :

« Depuis février 1979, on a appris l'exécution de plus de 3 350 personnes. Cette estimation minimum est basée sur une compilation de cas connus à l'étranger. Le nombre réel serait plus élevé. »

Et combien d'autres depuis ? Je voudrais réduire le plus possible toute nouvelle effusion de sang, mais je crois que le scénario le plus probable comprendra une sorte d'action brutale. Ce sera peut-être une action à entreprendre avec l'aide des militaires ou de paramilitaires. Ces gens qui ont fait main basse sur l'Iran ne partiront pas d'eux-mêmes, parce qu'ils ont goûté au pouvoir et à l'argent, deux liqueurs auxquelles on ne renonce pas facilement.

Je n'ai aucune disposition à la répression sanglante ; ces criminels seront traduits devant des tribunaux offrant toutes les garanties, comme je l'avais demandé pour les tenants de l'ancien régime. Cela pour liquider le passé une bonne fois. L'important est de reconstruire. Laissons ma personne de côté : il faut créer quelque chose qui ne soit pas ce que Khomeiny et la monarchie ont été. Une troisième voie, par conséquent, qu'il s'agit de définir et d'établir.

L'objectif est la constitution d'un gouvernement provisoire qui donnerait au peuple, c'est-à-dire à ses représentants, à l'élite, de se prononcer sur la Constitution de 1906. Le régime peut être monarchique ou républicain, mais il ne peut s'agir dans le premier cas que d'une monarchie constitutionnelle, autour d'un roi symbole de la nation.

On s'étonnera peut-être qu'après avoir sacrifié ma vie à la défense de la Constitution qui nous régissait, je veuille la changer, au moment où l'état de choses auquel j'aspire lui donnerait enfin la possibilité d'être respectée. Or nous ne pouvons oublier que l'Iran a été le cadre d'événements très graves. La future Constituante devra prendre en considération l'état actuel du pays, les rapports de force, la jeunesse tumultueuse et nombreuse.

Notre Constitution a soixante-seize ans ; pendant cette période, la France en changeait quatre fois : IIIe République, Régime de Vichy, IVe puis Ve République. Les Etats-Unis, de leur côté, apportaient à la leur différents amendements.

Nous avons vu aussi en Iran des amendements, mais qu'il était impossible d'admettre. Reza Chah n'a pas touché au texte, il se contentait de le bafouer. Son fils a, à deux ou trois reprises, modifié certains articles dans un sens que j'estime inacceptable. Par exemple il y a introduit le droit, pour le roi, de dissoudre l'assemblée, et l'institution du Conseil de Régence.

Il y a deux parties dans la Constitution iranienne :
1. Les droits de la monarchie.
2. Les droits du peuple.

Pendant les trente dernières années, les droits de la monarchie ont augmenté au détriment des droits du peuple. Oh ! la souveraineté populaire n'était pas mise en question, elle demeurait dans les textes, on continuait à y faire référence, mais la pratique était en perpétuelle contradiction avec elle. Témoin ce fait que j'ai plusieurs fois évoqué dans les pages précédentes, que chez nous le roi était le commandant en chef des Forces armées. En Belgique, pays qui nous a fourni le modèle de notre Constitution, en Angleterre, et en Suède, le souverain ne l'est que nominalement.

Il est même expliqué, avec la rhétorique propre à l'époque, que le roi détient son pouvoir de la souveraineté populaire, la royauté étant pourtant le droit divin. D'un côté le Bon Dieu, de l'autre le Roi, le peuple entre les deux pour assurer la transaction. Le peuple est un médiateur. Peut-être y a-t-il lieu de rendre ces concepts plus conformes à la mentalité moderne. Mais je tiens que c'est de cette Constitution, de son esprit du moins, que nous devrons partir.

C'est elle qui fournira d'ailleurs la base juridique du gouvernement provisoire. Gouvernement qui durera le moins longtemps possible, mais peut-être un an ou deux. Il est indispensable ; nous ne pouvons pas nous prévaloir d'une plus grande maturité politique que la France des années 1944-1945.

Auprès du gouvernement provisoire, il devrait y avoir une assemblée consultative composée d'intellectuels, de magistrats, d'industriels, d'universitaires. Parmi ses missions, le gouvernement aura à organiser des élections qui pourront se dérouler dans la plus grande sérénité.

Personne n'a encore évoqué ces problèmes. Il semble que ces messieurs de l'opposition préfèrent parler de démocratie sans dire ce que le mot recouvre. La démocratie, c'est aussi Pol Pot !

8.

Du travail pour tous
et un supplément d'âme

Quelle société, demain, pour l'Iran ? Question d'importance que l'on ne saurait traiter au moyen de formules toutes faites, en important des idéologies, même si elles ont donné ailleurs de bons résultats. En la matière, pour un pays, le contenu est plus important que la forme. De Gaulle était peut-être monarchiste, on l'a prétendu, mais il a restauré la République. Sa politique aurait-elle été différente s'il eût procédé à une restauration ou s'il fût devenu lui-même monarque ? Certainement pas.

Je suis partisan de la social-démocratie, parce qu'en Iran où le mécontentement provient de l'injustice sociale, nous ne pouvons nous contenter d'un gouvernement centriste ; nous serons par la force des choses plus à gauche. Mais je répète que la social-démocratie qui nous convient ne peut être identique à celle de l'Allemagne ou de la Suède. Dans son essence, la social-démocratie est un système progressiste en vertu duquel la justice sociale se développe au fur et à mesure du progrès technique, sans révolution, sans heurts, sans sectarisme et conformément à la tradition, à la culture, aux données spécifiques du pays où on l'implante. Elle est à l'opposé d'un modèle préfabriqué où l'on ferait entrer de force la réalité sur laquelle on veut agir.

Il faudra apprendre aux Iraniens à être sociaux-démocrates ; œuvre de longue haleine. On ne peut le devenir qu'en adoptant un comportement, des mœurs politiques qui réclament une grande ouverture d'esprit.

Mon programme s'inspire de ce système, à mettre en

place graduellement, avec beaucoup de souplesse surtout au début. Mais même en prenant ces précautions, je sens une résistance chez de nombreux privilégiés.

Progresser sans révolution, cela veut dire faire des réformes. L'expérience négative des années 56 à 78 montre comment il ne faut pas procéder ; on tirera de l'histoire des enseignements précieux. J'emploierai peut-être un langage jacobin en disant que ce qui compte pour moi est le bien-être des agriculteurs. Mais il est plus indispensable encore que l'agriculture profite à l'ensemble de la nation. Réduire notre dépendance vis-à-vis de l'étranger permettra de mieux investir notre argent.

Parmi les erreurs du passé, la nationalisation des forêts est significative. Elles se situent essentiellement dans le nord du pays ; on les a saccagées pour en faire de la pâte à papier, les arbres ont été abattus à tour de bras, puis les terrains vendus aux nouveaux riches, pour qu'ils y édifient des villas. Le résultat fut donc à l'opposé de ce que l'on était en droit d'attendre, alors qu'il aurait été tout à fait possible de gérer ce patrimoine, tout en développant judicieusement les industries de transformation.

L'idée qui présidera au renouveau est simple : augmenter progressivement le nombre des agriculteurs dans un cadre organisé. Dans un village, il y aura un ancien grand propriétaire et neuf exploitants. L'Etat fournira à ces derniers les semences, l'engrais, il assurera la lutte contre les fléaux naturels, comme les sauterelles, fournira l'eau pour les cultures, car nous vivons dans un pays à faible pluviométrie, exception faite pour le nord. En contrepartie, une part du revenu de ces neuf agriculteurs, si minime soit-il, sera versé à un conseil formé des représentants du village ; elle servira à l'acquisition de matériel et à des aménagements utiles à l'ensemble de la commune.

On augmentera par ce processus les revenus des agriculteurs les moins favorisés aujourd'hui, tout en diminuant les rentes des anciens « patrons ». Dans un premier temps, un Office du blé servira des compensations, jusqu'au jour où le pays aura recouvré son indépendance alimentaire. Par la suite, le gouvernement achètera à un prix raisonnable la production qui n'aura pas été écoulée sur le marché local.

L'équation est la suivante : l'Etat donne la terre aux agriculteurs, il les aide à atteindre un niveau de vie décent, mais il a besoin de blé. Pourquoi mendierait-il ce blé à l'étranger ? Nous sommes bien déjà parvenus dans notre histoire à nous suffire à nous-mêmes ! Aujourd'hui le but est d'autant plus facile à atteindre que les techniques agricoles ont évolué et que la recherche, dans le domaine agroalimentaire, donne des résultats.

Du temps du Chah, nous importions non seulement du grain et des matières premières, mais aussi des hommes : médecins, ingénieurs, pharmaciens..., alors que nous les avions chez nous, mais ils refusaient d'exercer dans les villages et la présence des spécialistes étrangers les incitait à demander des salaires équivalents. Il convient d'instaurer une politique des salaires. Un pays qui veut se construire doit savoir dire non aux abus.

Un autre problème des plus urgents est celui de l'habitat. Un autre fléau naturel intervient ici, celui des secousses telluriques ; nous avons dans les villages nombre de constructions archaïques qui ne résistent pas à des secousses de force 3 sur l'échelle de Ritcher, alors que celles qui ébranlent notre sol atteignent des intensités de 5 à 7. Comment un pays peut-il se dire moderne tant que cette question n'a pas été résolue ? Les procédés ne manquent pas de nos jours, le Japon, par exemple, a mis au point des techniques radicales qui mettent à l'abri des séismes des immeubles de grande hauteur. Un plan de rénovation de l'habitat est de nature à absorber une main-d'œuvre importante, réduisant d'autant le chômage.

L'aménagement du territoire, ports, infrastructure routière, voies ferrées, etc. peut absorber une bonne partie des forces vives de la nation.

La réussite n'est possible que si nous menons toutes ces actions selon un plan d'ensemble. Le financement peut paraître compromis par l'état catastrophique de nos réserves : à peine six à sept milliards de dollars. Pourtant la réalisation d'un programme agricole, industriel, administra-

231

tif de grands travaux n'oppose pas de difficultés réelles en période de calme. Actuellement, les gains quotidiens du pétrole sont de 35 millions de dollars. Nous pouvons en espérer quatre fois plus, soit de 27 à 28 milliards de dollars par an. C'est un gain qui demande peu d'effort. Nos réserves de pétrole s'élèvent à au moins trente ans. Le gaz pourra ensuite prendre la relève, pour une période d'au moins quatre-vingt-dix ans.

La mise au travail du pays est d'autant plus urgente que nous allons être confrontés à une poussée de la jeunesse. Il faudra bien intégrer tous ces garçons et filles dans la société. Dans l'avenir, une politique de la natalité requerra tous les soins du gouvernement ; nous devrons être vigilants et ne pas suivre l'exemple de l'Inde. Il n'existe pas en Iran d'organisme comparable au Planning familial. Pour de nombreux musulmans, l'abstinence n'est pas acceptable. Ils commencent pourtant à se rendre compte que l'on vit mieux avec deux ou trois enfants qu'avec sept ou huit. L'éducation fera le reste. Je le dis sans sous-estimer l'influence des mollahs, mais le pouvoir religieux ne peut pas se substituer à l'autorité civile ; quand il le fait, on sait ce que cela produit.

Les libéralités du Chah ont contribué à développer un clergé où l'on ne trouve pas que des hommes de Dieu. Les mollahs vivent paresseusement, ils ne veulent mettre la main ni à l'agriculture ni à l'artisanat, ils prêchent et l'Etat les paie pour cela. Je respecterai l'adage : « Celui qui travaille prie. » Si les mollahs veulent vivre, ils feront un travail productif, ils iront sur les routes. Comme nous manquons de bulldozers, nous leur donnerons des pelles, ils construiront des routes et des ponts.

Dans l'industrie du pétrole, nous n'avons besoin de personne en fait de main-d'œuvre qualifiée, nos ingénieurs rivalisent avec les meilleurs d'Europe. Pour d'autres industries, ce n'est pas le cas mais nous ne sommes pas pour autant dépourvus ; nous avons, depuis vingt-cinq ans, à Ispahan et dans d'autres villes, des techniciens formés dans les écoles françaises ou allemandes. Nous avons même créé une usine de machines-outils.

En revanche, les ingénieurs et techniciens nous font

défaut pour les mines de cuivre qui viennent d'être découvertes et dont l'exploitation reste à mettre en œuvre. Les gisements sont énormes, nous pouvons devenir le quatrième ou le cinquième producteur mondial. Les clients ne seront pas difficiles à trouver, tant la demande est grande dans le domaine des matières premières.

Lorsque j'ai demandé à l'ambassadeur de France, pendant mon ministère, combien de ressortissants il comptait dans notre pays et qu'il m'eût répondu : sept mille, je lui dis aussitôt :

— Il nous en faut cinq mille de plus.

Cette précision l'étonna, il se montra curieux de savoir comment j'avais fixé ce chiffre. Pour moi, c'était très clair. Il me fallait des enseignants pour le primaire, le secondaire, le technique et enfin pour l'université, à condition qu'ils acceptent d'être répartis sur tout le territoire. Leur rôle serait double : nous aider à résoudre nos problèmes techniques, en particulier dans les mines de cuivre ; former nos propres techniciens.

Cela, c'est un aspect de la question ; il en est un autre, celui de la formation des citoyens, sensiblement plus ardue. Elle consiste à faire comprendre aux Iraniens que leur bonheur dépend du pays et aux dirigeants que la prospérité du pays dépend des gens qui l'habitent.

Je fais partie d'une génération éduquée en Europe, en grande partie en France, en Allemagne, en Suisse et en Angleterre ; elle croyait en une mission. Pour reprendre le mot de de Gaulle, elle avait une certaine idée de l'Iran. Cela s'est perdu dans les générations suivantes, peut-être à cause de l'éducation simpliste reçue des Américains, qui ne s'intéressaient qu'au développement d'une société d'argent. Il manque un supplément d'âme, que nous devons aller chercher peut-être dans notre culture personnelle, dans un certain mysticisme ou simplement dans la logique.

Cet état de fait est imputable aux erreurs de l'ancien régime ; la plus grossière, celle dont Hoveyda est en grande partie responsable, est de ne pas avoir formé des citoyens qui pensent à leur pays, au progrès de leur pays, et qui apportent à le servir une certaine vertu. Nous avons perdu la vertu civique.

En cinq ans, nous formerons certainement d'excellents techniciens ; il nous en faudra trente ou quarante pour changer les citoyens.

9.

L'Iran parmi les nations

L'Iran n'est pas une île, je l'ai suffisamment montré, mais dans l'hypothèse où j'aurais de nouveau à diriger sa politique, je ne participerais à aucun pacte. Dans le rapport de forces actuel, nous n'avons aucun intérêt à participer à des alliances militaires. Bien avant que Khomeiny ne le fasse, mes amis du Front national et moi avons condamné le pacte de Bagdad, qui groupait depuis 1955 l'Iran, la Turquie, l'Irak et le Pakistan, et se transforma plus tard en pacte du CENTO. L'Iran se retirera de tous les accords militaires constituant ce pacte.

Pour ce qui est des rapports avec les grandes puissances, la lecture d'une carte nous en apprend plus que ne le feraient de longs discours.

L'Inde a une frontière commune avec la Chine, elle maintient de bon rapports avec l'Union soviétique. C'est une question d'équilibre. Il faut à un pays des alliés potentiels lui permettant de neutraliser des voisins susceptibles de devenir envahissants ou même envahisseurs. La coexistence pacifique est possible quand chacun se sait gardé sur tous ses flancs.

Les Universités que nous avons fréquentées, notre culture, voire à la rigueur notre religion, font que nous sommes enclins à un régime de liberté. Il serait difficile de concevoir, compte tenu de notre situation géographique et de notre mentalité, un gouvernement communisant en Iran ; le risque serait trop grand pour nous de tomber dans l'orbite soviétique et la tentation trop forte pour les Russes de nous y attirer.

Notre position sur la carte nous invite à entretenir des relations de bon voisinage, d'amitié et de coopération avec l'URSS, tandis que notre intérêt, nos traditions, le maintien de notre identité nationale rendent nécessaire que nous restions liés à l'Occident. C'est ce que préconisait d'ailleurs Mossadegh.

Le mot « liés » ne doit pas être pris ici dans un sens étroit ; je n'ai pas écrit : « pieds et poings liés ». Il suffit que nous soyons amis, comme on l'entendait au XIXᵉ siècle dans le langage diplomatique.

Il serait mauvais, d'autre part, d'entrer dans un pacte anti-soviétique, de prendre des initiatives capables d'irriter l'URSS. Nous ne devons pas devenir une tête de pont occidentale dans le golfe Persique, mais nous devons absolument empêcher que les Soviétiques réalisent des visées impérialistes sur le Golfe. Le Tsar convoitait déjà les mers chaudes ; c'est dans cette direction seule que l'expansionnisme est possible. On m'a fait lire récemment un article paru dans *Les Cahiers du Sud* où l'auteur, Louis Massignon, écrit cette phrase : « Les Russes, pour des raisons stratégiques et politiques, envahiront l'Afghanistan afin de contourner l'Iran, de s'emparer de l'Iran et d'être les maîtres du détroit d'Ormuz. » Or cet article date de 1947 ; en ce qui concerne l'Afghanistan, il était prémonitoire.

Nous voulons, comme le disent les Iraniens, conserver notre identité, « être Iran », et non « Iranestan », nouvelle République socialiste soviétique. Notre attachement à l'Occident provient entre autres d'un besoin de nous en défendre.

Les Turcs ont un problème identique. Certes leur position est différente : ils n'ont que trois cents kilomètres de frontières communes avec l'URSS, alors qu'après la frontière sino-soviétique, celle de l'Iran est la plus étirée. Tant que le monde est tel qu'il est et que les convoitises existent, nous devons rester sur nos gardes. Nos intérêts profonds, notre survie même nous poussent à être méfiants vis-à-vis des grandes puissances. Je ne suis pas tiers-mondiste pour autant, dans l'acception que l'on donne à ce mot, mais il reste que les ressources dont nous disposons, en dehors de notre position stratégique proprement dite, suscitent l'envie. Nous avons le devoir de les sauvegarder jalousement, sans tomber dans le chauvinisme et la xénophobie, sentiments que je déteste du plus profond de moi-même. Les grandes puissances, que ce soit l'URSS, la Grande-Bretagne, les Etats-Unis ou la France, devront compter sur notre amitié mais non sur notre servilité.

Selon les données en ma possession, je ne crois pas à une intervention soviétique en Pologne. Avec Carter, cette hypothèse aurait été plausible ; avec Reagan, elle est invraisemblable. L'URSS a ses probles problèmes, il lui manque vingt-cinq millions de tonnes de blé. Le statu quo relatif que nous observons depuis quelques décennies a pour origine qu'en URSS les silos à grains sont beaucoup moins remplis que les silos à missiles. Quant aux Polonais, ils ont jusqu'à présent agi avec beaucoup de maturité et de bon sens.

Je crois que l'administration Reagan n'acceptera pas de compromis sur l'Afghanistan, sur l'Iran ou sur la Pologne, sans que cet ensemble fasse l'objet d'une discussion autour d'une table. Le président américain ne signera jamais non plus un document sur le désarmement ou sur les fusées Pershing, avant que le reste ait trouvé une solution.

Ce que l'URSS ne peut admettre, c'est que la Pologne sorte de son orbite. Elle s'acheminera vers un statut à la roumaine, accordant à ce pays une certaine indépendance, tout en sauvegardant le principe de la zone soviétique de sécurité.

Mais ce n'est pas seulement la Pologne qui est en cause dans cette affaire ; l'enjeu est beaucoup plus gros, il inclut l'Allemagne de l'Est. Si on faisait un jour un référendum dans les deux Allemagnes, une majorité se prononcerait pour la réunification, même si le pays devait être mutilé.

Pour ce qui est de notre environnement méridional, j'ai affirmé, quand j'étais premier ministre, et je réaffirme aujourd'hui que je ne jouerai jamais le rôle de gendarme du golfe Persique. Les eaux territoriales appartiennent aux riverains ; les autres servent à la communauté internationale. C'est l'Iran qui a le littoral le plus développé sur le Golfe, ce qui nous donne une position de force dans cette zone. En cas de conflit avec les riverains, nous pouvons même bloquer le détroit. Face aux Russes ou aux Américains, c'est un autre problème.

Un conflit qui nous touche de près est celui qui oppose juifs et arabes depuis la création de l'Etat d'Israël. Chaque pays a essayé, à un moment ou à un autre, de tirer profit de l'existence du nouvel Etat. On ne rappelle jamais sans provoquer l'étonnement que l'URSS fut la première nation à le reconnaître, l'Amérique ne l'ayant fait que plus tard. Les Russes, eux, ont par la suite rompu les liens, s'étant aperçus qu'Israël constituait une tête de pont des Etats-Unis sur le continent asiatique et présentait un danger pour eux. Le pays qui a sans doute aidé le plus Israël jusqu'en 1967-1968, est la France.

La solution idéale aurait été de constituer un Etat fédératif englobant la Jordanie et dans lequel juifs, arabes musulmans et arabes chrétiens auraient cohabité. Mais l'intérêt des grandes puissances était de diviser pour mieux régner. L'opération de Suez, sous la IVe République, fut une grossière erreur, elle a donné aux Israéliens le sens du courage et de l'agression ; elle a humilié les arabes et créé chez eux un sentiment de rancune à l'égard de l'Occident. Il a fallu tout le talent de de Gaulle, sa conception lumineuse de l'avenir pour rétablir l'équilibre, qui sera rompu en 1967. Cette guerre marque un tournant ; jusqu'alors Israël n'était pas l'agresseur, à partir de ce jour il le devient, les rapports privilégiés unissant les Etats-Unis au petit Etat juif les obligeront à l'assister à chaque conflit.

De chaque côté, il existe des gens raisonnables qui désirent un compromis ; pourtant tout se passe comme si les adversaires devaient éternellement se rendre coup pour coup. La résistance palestinienne envoie ses roquettes sur les familles juives des kibboutzim, tuant femmes et enfants, ce qui provoque l'horreur. Le gouvernement israélien répond par des raids d'aviation sur les camps palestiniens du Liban, jusqu'au jour où l'armée de Begin entreprend une attaque massive contre ce petit pays, qui n'a rien à voir dans l'histoire, auquel on a imposé la présence des Palestiniens entassés en particulier dans le sud, et qui reçoit des coups des deux côtés. Les pays arabes ont été malhonnêtes envers le Liban. L'Egypte n'a pas de camps palestiniens sur son territoire, la Jordanie a détruit les siens, les quelques éléments qui se trouvent en Syrie sont à la solde du gouvernement de Damas. La chose est trop injuste, les Libanais commencent à être non seulement anti-israéliens mais aussi anti-palestiniens. Ils se disent : « Ah ! si ces gens n'étaient pas là, nous pourrions vivre tranquillement. »

Mais la question palestinienne dépasse le conflit en cours : ces gens exaspérés forment des terroristes qui se répandent à travers le monde. On peut distinguer chez ces déracinés trois catégories :

1. les ingénieurs, les médecins, les hommes de loi qui ont fait leurs études en Europe ou aux Etats-Unis. Ils travaillent dans les pays arabes et gagnent leur vie ;

2. les pauvres, qui vivent dans ces horribles bidonvilles qu'on appelle les camps de réfugiés ;

3. les terroristes. Ils ont vingt-deux-vingt-cinq ans et se demandent pourquoi ils sont nés dans des baraquements alors que leurs grands-parents habitaient Haïfa.

Il est aussi déraisonnable pour les Israéliens de dire qu'ils n'accepteront jamais la création d'un Etat palestinien que pour les Palestiniens de ne pas admettre l'Etat hébreu. Pour ma part, je suis proche de la position française. Il y a une réalité, qui est l'Etat d'Israël, et un peuple, privé actuellement de territoire, qui a droit à l'autodétermination. Je remarque qu'il existe peu de différence entre les positions, hier de de Gaulle et de Valéry Giscard d'Estaing, aujourd'hui de François Mitterrand.

Celui que je considère dans cette affaire comme le plus courageux et le plus bienveillant reste Sadate. Le processus qu'il avait engagé réclamait beaucoup d'abnégation. Si on ne lui avait pas suscité des obstacles, si les pays arabes l'avaient soutenu — discrètement pour ne pas perdre la face — s'il avait pu aller jusqu'au bout, je crois qu'il aurait résolu le problème et qu'Israël aurait accepté de faire d'autres pas, dans l'hypothèse peut-être d'un gouvernement plus accommodant que celui de Begin.

10.

Quand sonnera l'âpre trompette

Existe! Sois enfin toi-même! dit l'Aurore...
Déjà, contre la nuit, lutte l'âpre trompette!
Une lèvre vivante attaque l'air glacé.

Il me semble l'entendre, cette trompette de Valéry, sonner dans les monts Zagros et sur tous les plateaux d'Iran souillés par la farce lugubre qu'y fait jouer le maniaque au turban. La reconquête est en chemin et c'est dans ses propres énergies que notre pays puise pour la mener à son terme.

Chaque jour qui passe rend la chose plus urgente. L'iman, qui ne se suffit pas d'armes spirituelles, travaille à détruire un des atouts de la Résistance nationale : il veut anéantir l'armée et construire une horde islamique. Il ne néglige rien pour atteindre ce but ; si les choses continuent de ce pas, dans dix-huit mois, dans deux ans, l'armée ne sera plus celle de l'Iran mais celle des mollahs. Telle qu'elle existe encore, elle ne fera jamais l'union sacrée autour de Khomeiny ; elle est nationaliste et, pour une part, royaliste. Elle s'identifiera au gouvernement central ou au roi, non à un pouvoir théocratique d'essence universelle pour qui les frontières sont celles d'une religion et non d'un groupe humain. Cette armée-là est vouée à disparaître.

Je sais que, dans mon entreprise, ni la France, ni la Grande-Bretagne, ni l'Amérique ne m'aideront. M. Carter hier, M. Mitterrand aujourd'hui, tous parlent des droits de l'homme ; ils professent qu'il faut abattre le terrorisme. N'est-ce pas le terrorisme, qui sévit en Iran ? La honte de

241

l'Occident sera de n'avoir rien fait d'efficace pour l'y supprimer. On a remis à M. Giscard d'Estaing, alors Président de la République, un rapport de trois cents pages sur les mauvais traitements infligés aux animaux en France. Ne méritons-nous pas un peu plus qu'un rapport ?

J'attends de l'Occident une aide morale. Le contrat qui s'appelle Charte des Nations unies devrait l'y inciter, bien qu'il n'existe souvent que sur le papier.

Je n'attends pas de lui une aide matérielle, susceptible de le pousser à s'ingérer ensuite dans nos affaires intérieures. Les pays qui pourront nous aider sont nos voisins du golfe Persique, parce qu'ils ont de gros moyens financiers et parce que leur sécurité dépend de la nôtre.

Mon meilleur agent en Iran, en fin de compte, c'est l'ayatollah Khomeiny. Sa dictature odieuse, son incapacité, les persécutions qu'il mène contre toute personne ne pliant pas l'échine, ne s'agenouillant pas pour baiser le bord de sa robe, ne se laissant pas fouler par sa sandale, son continuel délire font monter la colère et libèrent les forces du désespoir. Il y a peu, j'ai reçu la visite d'une femme travaillant dans un laboratoire iranien, qui était porteuse du message suivant :

— J'ai toujours cru en vous. Je suis chargée par les ouvriers qui travaillent dans mon laboratoire et qui manifestaient dans les rues contre vous et en faveur de Khomeiny, de vous demander de leur pardonner. « Nous avons compris ; nous ne pouvons plus rien faire, l'étau se resserre, nous savons maintenant que nous avons été trompés » : voilà ce qu'ils veulent que je vous dise.

De tels témoignages me parviennent constamment. Ils me confortent dans la confiance que je place en l'avenir. Il y a deux ans, mon réseau diffusait des cassettes au moyen desquelles j'entretenais l'espoir ; je ne cessais d'y rappeler mes mises en garde. Ma crédibilité venait de ce que j'avais eu raison ; je pouvais m'autoriser maintenant à donner des conseils, des directives.

Les Iraniens connaissent, par notre voix, la réalité des choses. Dans la mesure où nous le pouvons, nous essayons aussi d'intervenir sur le cours des événements. En attendant mieux. Rien ne se fera sans un coup de pouce de l'extérieur ; nous saurons donner beaucoup plus qu'un coup de pouce.

Jusque là, il faut maintenir la flamme. Un compatriote venu récemment me voir m'a fait part de l'impression qu'il ressentait en m'écoutant, à Téhéran, sur ces ondes où je parle une dizaine de minutes toutes les deux semaines :

— Nous sommes comme des gens tombés au fond d'un puits. Une corde descend, mais nous ne pouvons pas la saisir. Nous tendons les bras, nous essayons de nous y accrocher ; elle ne vient jamais jusqu'à nous.

Faut-il couper cette corde ?

Ce serait couper l'Histoire, ce serait laisser ces gens dans leur nuit. Nous devons entretenir leur espoir, jusqu'au jour où l'âpre trompette retentira.

Documents

« Je place l'homme au centre de toute ma réflexion politique et le bonheur de l'homme est mon objectif principal. Aussi, tout programme social et économique ne peut être envisagé, à mon avis, autrement qu'en tant que moyen ou instrument d'y atteindre. Il m'apparaît qu'à partir du point de rencontre de la production et de la consommation, l'homme a été appréhendé de deux manières différentes, mais finalement il s'agit là d'analyses intervertissant le but et les moyens, les économistes plaçant l'homme dans un système de production en tant que " moyen de production " et les sociologues voyant en lui le " consommateur ". En attendant, l'homme en soi est relégué au second plan.

« C'est en ayant en vue cette réflexion philosophique que je formule l'essentiel de mes idées dans les trois points principaux qui suivent :

« 1. *Patriotisme*. Depuis fort longtemps et comme l'atteste l'histoire, dans la grande famille des Iraniens, le concept de la patrie est un concept fondamental et tous les assauts étrangers n'ont pu entamer son éclat constant et le sens transcendantal qu'il a dans la culture iranienne. La dignité et la sauvegarde de la patrie sont donc primordiales, d'où mon insistance sur la nécessité de la mobilisation des forces nationales pour la défense de son intégrité territoriale. J'ajoute cependant que le respect de la patrie et de la nation iraniennes ne comprend nullement l'idée de la supériorité ethnique ou sociale iranienne, ou l'acceptation d'un quelconque panisme, racisme et autres ségrégationismes. Il est question du respect et de l'amitié réciproques entre les peuples du monde et par conséquent toute idée d'hégémonie en est exclue.

« 2. *Liberté*. J'ai la conviction que l'épanouissement de la société dans tous les domaines, politique, économique, social, culturel et artistique n'est possible que si elle jouit de la liberté. La dictature d'un individu, un groupe ou un parti, est en tous les cas un frein au dynamisme de la société et par conséquent un obstacle au progrès et au développement souhaitables. L'expérience historique est la meilleure preuve à

247

l'appui de cette affirmation. Tous les systèmes totalitaires passés et présents, relevant de n'importe quelle idéologie, vont de pair avec le fanatisme et ont pour suite logique et évidente la lenteur du progrès et du développement et la stérilité du pouvoir créateur humain. De par sa nature même, le totalitarisme fait obstruction à la circulation enrichissante des pensées et éloigne du bonheur ceux qui le subissent et qui aspirent comme tous les hommes à la liberté.

« Considérant l'homme par essence épris et à la recherche de la liberté, je ne puis en dissocier son bonheur, comme tous ses autres besoins vitaux. De même, je considère la présence de la liberté dans un système de gouvernement propice au développement des facultés créatrices de l'homme. Prendre le parti de la liberté dans les domaines de l'expression ; la parole, l'écriture, les idées politiques, les convictions philosophiques, religieuses, réclamer la liberté pour les associations, partis, groupes et ainsi de suite, est à mon avis nécessaire et indispensable. De même, le respect du choix majoritaire du peuple, des institutions, législatives, exécutives et judiciaires pour que se réalise le gouvernement du peuple par le peuple, fait partie de mes principes.

3. *Socialisme*. Pour établir la justice sociale, le socialisme est un instrument efficace, et je pense que la distribution équitable du revenu national, en insistant sur la part du travail dans la production nationale, est la condition principale de survie de la communauté humaine. Autrement dit, il s'agit du principe selon lequel la justice dans son acception la plus large est garante du bien-être des hommes, et que la distribution équitable de la richesse est un des piliers de la défense de la justice d'une part, et d'autre part du principe selon lequel le rôle du " travail ", qu'il soit intellectuel ou corporel, est déterminant dans la production nationale. Il est nécessaire d'accorder une attention particulière à ce facteur primordial de la distribution de la valeur ajoutée. Puisque le système économique socialiste s'intéresse à ce précepte de manière scientifique et rationnelle, son instauration comme un mécanisme capable de réaliser la justice sociale m'importe.

« Il ne faut cependant pas passer sous silence le fait que dans le monde actuel et dans une gamme étendue, le socialisme a pris des significations variées. Ainsi, du socialisme qui épouse une vision matérialiste du monde comme base idéologique. Divers partis ou groupes se réclamant du socialisme et malgré leurs divisions, voire leur antagonisme ou même leurs contradictions internes, ont tous en commun l'obédience à l'école matérialiste. Avoir une vision matérialiste du monde n'est pas à mes yeux la condition sine qua non d'un credo socialiste, pas plus que le déisme, le monothéisme, la foi religieuse ne m'apparaissent en opposition avec les propositions économiques de cette école. »

« Pour atteindre les trois objectifs évoqués (indépendance, liberté, justice sociale), il faut évidemment tracer les lignes directrices, formuler les politiques et mettre sur pied les mécanismes exécutifs adéquats dont voici, d'une manière très générale, les têtes de chapitre.

« 1. La souveraineté et le droit inaliénable du peuple. La volonté populaire est la source d'inspiration de tout choix dans la manière de diriger les affaires de l'Etat. Dans l'exercice de cette volonté, tous les Iraniens, sans discrimination de sexe, de croyance ou d'appartenance ethnique, sont égaux, autrement dit l'identité déterminante de chaque Iranien émane, en premier lieu, de sa citoyenneté nationale et le terme Iranien, dans le domaine du droit national, s'applique à tous, homme, femme, de confessions majoritaires ou minoritaires. Le domaine religieux et confessionnel relevant avant tout de la vie privée des personnes.

« 2. L'administration des affaires de l'Etat doit avoir pour base le principe de la séparation du pouvoir, législatif, exécutif et judiciaire.

« 3. Le pouvoir législatif aura à proposer et approuver les institutions légales nationales, dans le cadre d'une Assemblée nationale et celui des Assemblées régionales.

« 4. L'Etat, dans l'ensemble, aura pour tâche de tracer les lignes générales de la politique et de la planification socio-économique nationale et l'harmonisation de l'ensemble des projets. La défense de l'intégrité territoriale face aux agressions extérieures et la prévention des desseins de démantèlement et de partage du pays, en créant une armée nationale et populaire, fait partie des devoirs de l'Etat, ainsi que l'organisation des relations extérieures et le choix des grandes lignes de la politique étrangère dans le cadre de l'indépendance économique et politique du pays et le respect et l'amitié réciproques avec les autres Etats.

5. L'élaboration des projets de la politique économique et sociale se fera en tenant compte des principes suivants :

a) Les ressources naturelles telles que : mers, pâturages, forêts, eaux d'irrigation, gisements et terres sur une grande échelle, sont la propriété de tout le peuple iranien.

b) La valeur ajoutée résultant de la production nationale appartient en premier lieu à l'homme qui crée le travail.

c) Dans le calcul du salaire économique (direct) le rôle du travail dans la réalisation de la valeur ajoutée est l'élément déterminant et la loi première sera, à travail égal, salaire égal.

d) Le salaire social sera calculé en fonction du minimum des besoins pour vivre décemment.

e) La propriété privée des entreprises agricoles ou industrielles dans les branches et catégories où cette forme de propriété peut être admise, ainsi que dans les entreprises de construction de logements, sera respectée.

f) La propriété des valeurs liquides ou mobilières (actions, titres, obligations, etc.) est du domaine privé et imposable selon le volume et le genre.

g) La planification et la réalisation des projets agricoles bénéficieront de la plus grande priorité. Ces projets seront en harmonie avec les projets industriels d'une part, et en rapport avec les besoins alimentaires nationaux de l'autre. La protection des prix des produits agricoles, les services de lutte contre les fléaux et les parasites agricoles, l'aide à la mécanisation, l'extension des réseaux d'irrigation, ainsi de suite, seront pris en charge par l'Etat. L'organisation de la production se fera en s'appuyant sur les institutions populaires et nationales en tenant particulièrement compte des traditions locales et en consultation constante avec les intéressés.

h) Les projets du développement industriel doivent tendre vers l'acquisition croissante de l'indépendance du pays vis-à-vis des puissances industrielles étrangères, et la mise sur pied des industries de base en Iran. D'autre part, ces projets seront complémentaires de ceux concernant le développement et l'industrie agricole.

i) Les industries de base et celle du pétrole sont nationalisées. Les investissements dans la grande industrie de consommation peuvent être mixtes. La propriété de la petite industrie et celle de l'industrie traditionnelle peuvent être privées. Dans toutes les industries et dans tous les cas, l'application d'une politique combattant l'exploitation est indispensable.

j) Les gisements de première importance ou de grandes dimensions seront nationalisés. L'exploitation d'extraction à ciel ouvert de deuxième et troisième importance peut être privée.

k) L'exploitation des ressources agricoles sera, selon les dimensions de celle-ci, privée ou mixte.

l) Les services bancaires sont dirigés en tenant compte des programmes d'Etat.

m) Les services des assurances de toute sorte seront nationalisés.

n) Le commerce intérieur est libre, l'Etat n'ayant qu'à exercer des politiques anti-inflationnistes.

o) Le commerce extérieur sera conçu de telle manière qu'une politique du refus de la monoculture et de la monoproduction et la tendance à la diversification des produits agricoles et industriels aillent de pair avec une politique d'importation de la technologie des industries de base et les investissements productifs. L'Etat aura à soutenir les investissements importants et nécessaires. Dans l'élaboration de la politique du commerce extérieur, les investissements créateurs d'emploi en rapport avec la politique du travail et de l'emploi seront pris en considération.

p) Dans l'élaboration de la politique de l'emploi, la satisfaction que l'homme tire de son travail est le principe de base et les modèles d'emploi seront considérés en rapport avec la potentialité de création de travail des investissements. La politique de l'emploi dans ses grandes lignes tiendra compte des ressources humaines et la nécessité de l'éducation des forces du travail en fonction des exigences socio-culturelles iraniennes. Enfin, dans ce domaine, le libre choix du métier et du travail est un élément déterminant.

« 6. Dans l'élaboration du projet de politique sociale et culturelle, une attention particulière sera accordée au travail de recherche dans tous les domaines, social, économique, scientifique, technologique et artistique, en insistant sur les aspects méconnus de la culture iranienne.

« 7. L'éducation physique et mentale et le relèvement du niveau de conscience sociale et politique du peuple comme dimensions essentielles doivent être inclus dans tous les programmes sociaux.

« 8. La médecine préventive et la médecine curative sont le bien public et l'Etat garantira par le moyen de grands investissements la distribution équitable de ces services.

« 9. La création artistique, son épanouissement et sa fécondité dépendent de la liberté et, réciproquement, l'art véritable est un des garants essentiels de celle-ci.

« Dans l'élaboration de la politique des projets culturels et artistiques, le principe de la liberté doit être constamment présent à l'esprit, ainsi que l'affirmation de l'identité nationale dans sa signification la plus profonde. L'encouragement des institutions culturelles et artistiques du peuple relève des attributions des institutions populaires et sociales.

« 10. Le financement des services urbains et ruraux est à la charge de l'Etat et dans le cadre de ces services la reconstruction des villages, les transports urbains et ruraux, l'installation des systèmes de communication, création de parcs, jardins, bibliothèques, théâtres, cinémas, les centres d'enseignement et d'éducation, les stades, lui incomberont. La protection de l'environnement et l'alimentation en eau potable des villes et de la campagne seront prioritaires.

« 11. Le bien-être social ne sera, en aucun cas, sacrifié au profit de la croissance, sous prétexte qu'il peut constituer un frein à celle-ci. Le postulat premier est que l'homme est l'élément essentiel pour l'élaboration de tout programme de développement et que la croissance doit se faire en fonction de cela. Dans cette perspective, les subventions au logement, l'instauration du salaire social, la sécurité sociale, les allocations d'incapacité de travail, vieillesse, chômage, la protection et la sécurité de l'homme, de la conception à la mort, seront pris en considération.

« 12. Le fonctionnement de l'administration doit se faire sur la base de l'acceptation de ce principe par les fonctionnaires, à quelque niveau qu'ils se trouvent, qu'ils sont au service des administrés. C'est en exerçant un contrôle rigoureux pour le respect de ce principe qu'on peut espérer remplacer l'appareil bureaucratique par un autre plus à même de résoudre les problèmes des administrés. »

Extrait d'une conférence de Chapour Bakhtiar
Février 1980

« Alors que des organismes internationaux entreprennent une médiation pour tenter de mettre fin à la guerre entre l'Iran et l'Irak, j'affirme que personne, que ce soit un gouvernement étranger ou une instance internationale, n'a le droit de laisser céder ne serait-ce qu'une parcelle du territoire iranien en vue de résoudre le conflit.

« Cette guerre découle directement de l'aventurisme du régime iranien actuel. Elle n'est souhaitée par aucun des deux peuples et il ne peut rien en résulter de profitable.

« Le gouvernement irakien doit accepter le fait que le traité de 1975 qui délimite les frontières entre l'Iran et l'Irak ne peut en aucune façon, en raison des lois internationales, être violé unilatéralement par l'une des deux parties engagées.

« Bien qu'apparemment n'étant plus en vigueur pour l'Irak, ce traité, accepté et signé par les deux pays, doit être utilisé pour la solution pacifique des problèmes actuels et les réclamations possibles.

« Les relations futures entre les deux pays doivent être basées sur la compréhension mutuelle et la coopération, et en évitant toute source de conflit ou d'ingérence dans les affaires intérieures l'un de l'autre, ainsi que cela a été ratifié dans ledit traité.

« Les Iraniens, quelles que soient leur race, leur appartenance ethnique et leur religion, sont profondément patriotes. Ainsi que viennent de le démontrer les habitants du Khouzistan, ils n'admettront jamais qu'une partie du territoire soit séparée de l'ensemble.

« Comme le gouvernement irakien a tenté à maintes reprises de justifier son attaque contre l'Iran en déclarant qu'il s'agissait pour lui de libérer le peuple iranien opprimé du joug sanglant de Khomeiny, je déclare que c'est aux Iraniens eux-mêmes qu'il revient de se soulever contre le régime actuel et que nul n'a le droit de se poser en protecteur de mes compatriotes. »

L'IRAN NE MOURRA JAMAIS

Chapour Bakhtiar
Paris, le 14 novembre 1980

Table

La composition de ce livre
a été effectuée par Bussière à Saint-Amand,
l'impression et le brochage ont été effectués
sur presse CAMERON
dans les ateliers de la S.E.P.C. à Saint-Amand-Montrond (Cher)
pour les éditions Albin Michel

AM

Achevé d'imprimer en septembre 1982
N° d'édition 7703. N° d'impression 1386
Dépôt légal septembre 1982

Imprimé en France